T&P BOOKS

NORVÉGIEN
VOCABULAIRE

POUR L'AUTOFORMATION

FRANÇAIS
NORVÉGIEN

Les mots les plus utiles
Pour enrichir votre vocabulaire et aiguiser
vos compétences linguistiques

3000 mots

Vocabulaire Français-Norvégien pour l'autoformation. 3000 mots
Dictionnaire thématique
Par Andrey Taranov

Les dictionnaires T&P Books ont pour but de vous aider à apprendre, à mémoriser et à réviser votre vocabulaire en langue étrangère. Ce dictionnaire thématique couvre tous les grands domaines du quotidien: l'économie, les sciences, la culture, etc ...

Acquérir du vocabulaire avec les dictionnaires thématiques T&P Books vous offre les avantages suivants:

- Les données d'origine sont regroupées de manière cohérente, ce qui vous permet une mémorisation lexicale optimale
- La présentation conjointe de mots ayant la même racine vous permet de mémoriser des groupes sémantiques entiers (plutôt que des mots isolés)
- Les sous-groupes sémantiques vous permettent d'associer les mots entre eux de manière logique, ce qui facilite votre consolidation du vocabulaire
- Votre maîtrise de la langue peut être évaluée en fonction du nombre de mots acquis

T&P Books Publishing
www.tpbooks.com

ISBN: 978-1-78492-038-8

Ce livre existe également en format électronique.
Pour plus d'informations, veuillez consulter notre site: www.tpbooks.com ou rendez-vous sur ceux des grandes librairies en ligne.

VOCABULAIRE NORVÉGIEN POUR L'AUTOFORMATION
Dictionnaire thématique

Les dictionnaires T&P Books ont pour but de vous aider à apprendre, à mémoriser et à réviser votre vocabulaire en langue étrangère. Ce lexique présente, de façon thématique, plus de 3000 mots les plus fréquents de la langue.

- Ce livre comporte les mots les plus couramment utilisés
- Son usage est recommandé en complément de l'étude de toute autre méthode de langue
- Il répond à la fois aux besoins des débutants et à ceux des étudiants en langues étrangères de niveau avancé
- Il est idéal pour un usage quotidien, des séances de révision ponctuelles et des tests d'auto-évaluation
- Il vous permet de tester votre niveau de vocabulaire

Spécificités de ce dictionnaire thématique:

- Les mots sont présentés de manière sémantique, et non alphabétique
- Ils sont répartis en trois colonnes pour faciliter la révision et l'auto-évaluation
- Les groupes sémantiques sont divisés en sous-groupes pour favoriser l'apprentissage
- Ce lexique donne une transcription simple et pratique de chaque mot en langue étrangère

Ce dictionnaire comporte 101 thèmes, dont:

les notions fondamentales, les nombres, les couleurs, les mois et les saisons, les unités de mesure, les vêtements et les accessoires, les aliments et la nutrition, le restaurant, la famille et les liens de parenté, le caractère et la personnalité, les sentiments et les émotions, les maladies, la ville et la cité, le tourisme, le shopping, l'argent, la maison, le foyer, le bureau, la vie de bureau, l'import-export, le marketing, la recherche d'emploi, les sports, l'éducation, l'informatique, l'Internet, les outils, la nature, les différents pays du monde, les nationalités, et bien d'autres encore …

TABLE DES MATIÈRES

GUIDE DE PRONONCIATION

Lettre	Exemple en norvégien	Alphabet phonétique T&P	Exemple en français
Aa	plass	[ɑ], [ɑ:]	classe
Bb	bøtte, albue	[b]	bureau
Cc [1]	centimeter	[s]	syndicat
Cc [2]	Canada	[k]	bocal
Dd	radius	[d]	document
Ee	rett	[e:]	aller
Ee [3]	begå	[ɛ]	faire
Ff	fattig	[f]	formule
Gg [4]	golf	[g]	gris
Gg [5]	gyllen	[j]	maillot
Gg [6]	regnbue	[ŋ]	parking
Hh	hektar	[h]	anglais - behind, finnois - raha
Ii	kilometer	[ɪ], [i]	citerne
Kk	konge	[k]	bocal
Kk [7]	kirke	[h]	anglais - behind, finnois - raha
Jj	fjerde	[j]	maillot
kj	bikkje	[h]	anglais - behind, finnois - raha
Ll	halvår	[l]	vélo
Mm	middag	[m]	minéral
Nn	november	[n]	ananas
ng	id_langt	[ŋ]	parking
Oo [8]	honning	[ɔ]	robinet
Oo [9]	fot, krone	[u]	boulevard
Pp	plomme	[p]	panama
Qq	sequoia	[k]	bocal
Rr	sverge	[r]	racine, rouge
Ss	appelsin	[s]	syndicat
sk [10]	skikk, skyte	[ʃ]	chariot
Tt	stør, torsk	[t]	tennis
Uu	brudd	[y]	Portugal
Vv	kraftverk	[v]	rivière
Ww	webside	[v]	rivière
Xx	mexicaner	[ks]	taxi
Yy	nytte	[ɪ], [i]	citerne
Zz [11]	New Zealand	[s]	dessin, tsar
Ææ	vær, stær	[æ]	maire
Øø	ørn, gjø	[ø]	peu profond
Åå	gås, værhår	[o:]	tableau

Remarques

[1] devant **e**, **i**
[2] dans les autres cas
[3] non accentué
[4] devant **a, o, u, å**
[5] devant **i** et **y**
[6] dans la combinaison **gn**
[7] devant **i** et **y**
[8] devant deux consonnes
[9] devant une consonne
[10] devant **i** et **y**
[11] uniquement dans les mots d'origine étrangère

ABRÉVIATIONS
employées dans ce livre

Abréviations en français

adj	-	adjective
adv	-	adverbe
anim.	-	animé
conj	-	conjonction
dénombr.	-	dénombrable
etc.	-	et cetera
f	-	nom féminin
f pl	-	féminin pluriel
fam.	-	familiar
fem.	-	féminin
form.	-	formal
inanim.	-	inanimé
indénombr.	-	indénombrable
m	-	nom masculin
m pl	-	masculin pluriel
m, f	-	masculin, féminin
masc.	-	masculin
math	-	mathematics
mil.	-	militaire
pl	-	pluriel
prep	-	préposition
pron	-	pronom
qch	-	quelque chose
qn	-	quelqu'un
sing.	-	singulier
v aux	-	verbe auxiliaire
v imp	-	verbe impersonnel
vi	-	verbe intransitif
vi, vt	-	verbe intransitif, transitif
vp	-	verbe pronominal
vt	-	verbe transitif

Abréviations en norvégien

f	-	nom féminin
f pl	-	féminin pluriel
m	-	nom masculin
m pl	-	masculin pluriel

m/f	-	masculin, neutre
m/f pl	-	masculin/féminin pluriel
m/f/n	-	masculin/féminin/neutre
m/n	-	masculin, féminin
n	-	neutre
n pl	-	neutre pluriel
pl	-	pluriel

CONCEPTS DE BASE

1. Les pronoms

je	jeg	['jæj]
tu	du	[dʉ]
il	han	['hɑn]
elle	hun	['hʉn]
ça	det, den	['de], ['den]
nous	vi	['vi]
vous	dere	['derə]
ils, elles	de	['de]

2. Adresser des vœux. Se dire bonjour

Bonjour! (fam.)	Hei!	['hæj]
Bonjour! (form.)	Hallo! God dag!	[hɑ'lʉ], [gʉ 'dɑ]
Bonjour! (le matin)	God morn!	[gʉ 'mɔ:ɳ]
Bonjour! (après-midi)	God dag!	[gʉ'dɑ]
Bonsoir!	God kveld!	[gʉ 'kvɛl]
dire bonjour	å hilse	[ɔ 'hilsə]
Salut!	Hei!	['hæj]
salut (m)	hilsen (m)	['hilsən]
saluer (vt)	å hilse	[ɔ 'hilsə]
Comment allez-vous?	Hvordan står det til?	['vʉ:ɖɑn sto:r de til]
Comment ça va?	Hvordan går det?	['vʉ:ɖɑn gor de]
Quoi de neuf?	Hva nytt?	[vɑ 'nʏt]
Au revoir! (form.)	Ha det bra!	[hɑ de 'brɑ]
Au revoir! (fam.)	Ha det!	[hɑ 'de]
À bientôt!	Vi ses!	[vi sɛs]
Adieu!	Farvel!	[fɑr'vɛl]
dire au revoir	å si farvel	[ɔ 'si fɑr'vɛl]
Salut! (À bientôt!)	Ha det!	[hɑ 'de]
Merci!	Takk!	['tɑk]
Merci beaucoup!	Tusen takk!	['tʉsən tɑk]
Je vous en prie	Bare hyggelig	['bɑrə 'hʏgeli]
Il n'y a pas de quoi	Ikke noe å takke for!	['ikə 'nʉe ɔ 'tɑkə fɔr]
Pas de quoi	Ingen årsak!	['iŋən 'o:ʂɑk]
Excuse-moi!	Unnskyld, ...	['ʉn̩ˌsyl ...]
Excusez-moi!	Unnskyld meg, ...	['ʉn̩ˌsyl me ...]
excuser (vt)	å unnskylde	[ɔ 'ʉn̩ˌsylə]
s'excuser (vp)	å unnskylde seg	[ɔ 'ʉn̩ˌsylə sæj]

Mes excuses	Jeg ber om unnskyldning	[jæj ber ɔm 'ʉnˌsyldniŋ]
Pardonnez-moi!	Unnskyld!	['ʉnˌsyl]
pardonner (v)	å tilgi	[ɔ 'tilˌji]
C'est pas grave	Ikke noe problem	['ikə 'nʉe prʊ'blem]
s'il vous plaît	vær så snill	['vær ʂɔ 'snil]

N'oubliez pas!	Ikke glem!	['ikə 'glem]
Bien sûr!	Selvfølgelig!	[sɛl'følgəli]
Bien sûr que non!	Selvfølgelig ikke!	[sɛl'følgəli 'ikə]
D'accord!	OK! Enig!	[ɔ'kɛj], ['ɛni]
Ça suffit!	Det er nok!	[de ær 'nɔk]

3. Les questions

Qui?	Hvem?	['vɛm]
Quoi?	Hva?	['va]
Où? (~ es-tu?)	Hvor?	['vʊr]
Où? (~ vas-tu?)	Hvorhen?	['vʊrhen]
D'où?	Hvorfra?	['vʊrfra]
Quand?	Når?	[nɔr]
Pourquoi? (~ es-tu venu?)	Hvorfor?	['vʊrfʊr]
Pourquoi? (~ t'es pâle?)	Hvorfor?	['vʊrfʊr]

À quoi bon?	Hvorfor?	['vʊrfʊr]
Comment?	Hvordan?	['vuːdan]
Quel? (à ~ prix?)	Hvilken?	['vilkən]
Lequel?	Hvilken?	['vilkən]

À qui? (pour qui?)	Til hvem?	[til 'vɛm]
De qui?	Om hvem?	[ɔm 'vɛm]
De quoi?	Om hva?	[ɔm 'va]
Avec qui?	Med hvem?	[me 'vɛm]
Combien? (dénombr.)	Hvor mange?	[vʊr 'maŋə]
Combien? (indénombr.)	Hvor mye?	[vʊr 'mye]
À qui? (~ est ce livre?)	Hvis?	['vis]

4. Les prépositions

avec (~ toi)	med	[me]
sans (~ sucre)	uten	['ʉtən]
à (aller ~ ...)	til	['til]
de (au sujet de)	om	['ɔm]
avant (~ midi)	før	['før]
devant (~ la maison)	foran, framfor	['fɔran], ['framfɔr]

sous (~ la commode)	under	['ʉnər]
au-dessus de ...	over	['ɔvər]
sur (dessus)	på	['pɔ]
de (venir ~ Paris)	fra	['fra]
en (en bois, etc.)	av	[aː]
dans (~ deux heures)	om	['ɔm]
par dessus	over	['ɔvər]

5. Les mots-outils. Les adverbes. Partie 1

Où? (~ es-tu?)	Hvor?	['vʊr]
ici (c'est ~)	her	['hɛr]
là-bas (c'est ~)	der	['dɛr]

quelque part (être)	et sted	[et 'sted]
nulle part (adv)	ingensteds	['iŋən‚stɛts]

près de ...	ved	['ve]
près de la fenêtre	ved vinduet	[ve 'vindʉə]

Où? (~ vas-tu?)	Hvorhen?	['vʊrhen]
ici (Venez ~)	hit	['hit]
là-bas (j'irai ~)	dit	['dit]
d'ici (adv)	herfra	['hɛr‚fra]
de là-bas (adv)	derfra	['dɛr‚fra]

près (pas loin)	nær	['nær]
loin (adv)	langt	['laŋt]
près de (~ Paris)	nær	['nær]
tout près (adv)	i nærheten	[i 'nær‚hetən]
pas loin (adv)	ikke langt	['ikə 'laŋt]

gauche (adj)	venstre	['vɛnstrə]
à gauche (être ~)	til venstre	[til 'vɛnstrə]
à gauche (tournez ~)	til venstre	[til 'vɛnstrə]

droit (adj)	høyre	['højrə]
à droite (être ~)	til høyre	[til 'højrə]
à droite (tournez ~)	til høyre	[til 'højrə]

devant (adv)	foran	['foran]
de devant (adj)	fremre	['frɛmrə]
en avant (adv)	fram	['fram]

derrière (adv)	bakom	['bakɔm]
par derrière (adv)	bakfra	['bak‚fra]
en arrière (regarder ~)	tilbake	[til'bakə]

milieu (m)	midt (m)	['mit]
au milieu (adv)	i midten	[i 'mitən]
de côté (vue ~)	fra siden	[fra 'sidən]
partout (adv)	overalt	[ɔvər'alt]
autour (adv)	rundt omkring	['rʉnt ɔm'kriŋ]

de l'intérieur	innefra	['inə‚fra]
quelque part (aller)	et sted	[et 'sted]
tout droit (adv)	rett, direkte	['rɛt], ['di'rɛktə]
en arrière (revenir ~)	tilbake	[til'bakə]

de quelque part (n'import d'où)	et eller annet steds fra	[et 'elər ‚aːnt 'stɛts fra]
de quelque part (on ne sait pas d'où)	et eller annet steds fra	[et 'elər ‚aːnt 'stɛts fra]

premièrement (adv)	for det første	[fɔr de 'fœʂtə]
deuxièmement (adv)	for det annet	[fɔr de 'ɑ:nt]
troisièmement (adv)	for det tredje	[fɔr de 'trɛdjə]

soudain (adv)	plutselig	['plʉtseli]
au début (adv)	i begynnelsen	[i be'jinəlsən]
pour la première fois	for første gang	[fɔr 'fœʂtə ˌgɑŋ]
bien avant ...	lenge før ...	['leŋə 'før ...]
de nouveau (adv)	på nytt	[pɔ 'nʏt]
pour toujours (adv)	for godt	[fɔr 'gɔt]

jamais (adv)	aldri	['ɑldri]
de nouveau, encore (adv)	igjen	[i'jɛn]
maintenant (adv)	nå	['nɔ]
souvent (adv)	ofte	['ɔftə]
alors (adv)	da	['dɑ]
d'urgence (adv)	omgående	['ɔmˌgɔ:nə]
d'habitude (adv)	vanligvis	['vɑnliˌvis]

à propos, ...	forresten, ...	[fɔ'rɛstən ...]
c'est possible	mulig, kanskje	['mʉli], ['kɑnʂə]
probablement (adv)	sannsynligvis	[sɑn'sʏnliˌvis]
peut-être (adv)	kanskje	['kɑnʂə]
en plus, ...	dessuten, ...	[des'ʉtən ...]
c'est pourquoi ...	derfor ...	['dɛrfor ...]
malgré ...	på tross av ...	['pɔ 'trɔs ɑ: ...]
grâce à ...	takket være ...	['tɑket ˌværə ...]

quoi (pron)	hva	['vɑ]
que (conj)	at	[ɑt]
quelque chose (Il m'est arrivé ~)	noe	['nʊe]
quelque chose (peut-on faire ~)	noe	['nʊe]
rien (m)	ingenting	['iŋəntiŋ]

qui (pron)	hvem	['vɛm]
quelqu'un (on ne sait pas qui)	noen	['nʊən]
quelqu'un (n'importe qui)	noen	['nʊən]

personne (pron)	ingen	['iŋən]
nulle part (aller ~)	ingensteds	['iŋənˌstɛts]
de personne	ingens	['iŋəns]
de n'importe qui	noens	['nʊəns]

comme ça (adv)	så	['sɔ:]
également (adv)	også	['ɔsɔ]
aussi (adv)	også	['ɔsɔ]

6. Les mots-outils. Les adverbes. Partie 2

Pourquoi?	Hvorfor?	['vʊrfʊr]
pour une certaine raison	av en eller annen grunn	[ɑ: en elər 'ɑnən ˌgrʉn]
parce que ...	fordi ...	[fɔ'di ...]

pour une raison quelconque	av en eller annen grunn	[ɑ: en elər 'anən ,grʉn]
et (conj)	og	['ɔ]
ou (conj)	eller	['elər]
mais (conj)	men	['men]
pour ... (prep)	for, til	[fɔr], [til]

trop (adv)	for, altfor	['fɔr], ['altfɔr]
seulement (adv)	bare	['barə]
précisément (adv)	presis, eksakt	[prɛ'sis], [ɛk'sakt]
près de ... (prep)	cirka	['sirkɑ]

approximativement	omtrent	[ɔm'trɛnt]
approximatif (adj)	omtrentlig	[ɔm'trɛntli]
presque (adv)	nesten	['nɛstən]
reste (m)	rest (m)	['rɛst]

l'autre (adj)	den annen	[den 'anən]
autre (adj)	andre	['andrə]
chaque (adj)	hver	['vɛr]
n'importe quel (adj)	hvilken som helst	['vilkən sɔm 'hɛlst]
beaucoup (adv)	mye	['mye]
plusieurs (pron)	mange	['maŋə]
tous	alle	['alə]

en échange de ...	til gjengjeld for ...	[til 'jɛnjɛl fɔr ...]
en échange (adv)	istedenfor	[i'steden,fɔr]
à la main (adv)	for hånd	[fɔr 'hɔn]
peu probable (adj)	neppe	['nepə]

probablement (adv)	sannsynligvis	[san'sʏnli,vis]
exprès (adv)	med vilje	[me 'viljə]
par accident (adv)	tilfeldigvis	[til'fɛldivis]

très (adv)	meget	['meget]
par exemple (adv)	for eksempel	[fɔr ɛk'sɛmpəl]
entre (prep)	mellom	['mɛlɔm]
parmi (prep)	blant	['blant]
autant (adv)	så mye	['sɔ: mye]
surtout (adv)	særlig	['sæ:ḻi]

NOMBRES. DIVERS

7. Les nombres cardinaux. Partie 1

zéro	null	['nʉl]
un	en	['en]
deux	to	['tʊ]
trois	tre	['tre]
quatre	fire	['fire]
cinq	fem	['fɛm]
six	seks	['sɛks]
sept	sju	['ʂʉ]
huit	åtte	['ɔtə]
neuf	ni	['ni]
dix	ti	['ti]
onze	elleve	['ɛlvə]
douze	tolv	['tɔl]
treize	tretten	['trɛtən]
quatorze	fjorten	['fjɔːʈən]
quinze	femten	['fɛmtən]
seize	seksten	['sæjstən]
dix-sept	sytten	['sʏtən]
dix-huit	atten	['atən]
dix-neuf	nitten	['nitən]
vingt	tjue	['çʉe]
vingt et un	tjueen	['çʉe en]
vingt-deux	tjueto	['çʉe tʊ]
vingt-trois	tjuetre	['çʉe tre]
trente	tretti	['trɛti]
trente et un	trettien	['trɛti en]
trente-deux	trettito	['trɛti tʊ]
trente-trois	trettitre	['trɛti tre]
quarante	førti	['fœːʈi]
quarante et un	førtien	['fœːʈi en]
quarante-deux	førtito	['fœːʈi tʊ]
quarante-trois	førtitre	['fœːʈi tre]
cinquante	femti	['fɛmti]
cinquante et un	femtien	['fɛmti en]
cinquante-deux	femtito	['fɛmti tʊ]
cinquante-trois	femtitre	['fɛmti tre]
soixante	seksti	['sɛksti]
soixante et un	sekstien	['sɛksti en]

| soixante-deux | sekstito | ['sɛksti tʊ] |
| soixante-trois | sekstitre | ['sɛksti tre] |

soixante-dix	sytti	['sʏti]
soixante et onze	syttien	['sʏti en]
soixante-douze	syttito	['sʏti tʊ]
soixante-treize	syttitre	['sʏti tre]

quatre-vingts	åtti	['ɔti]
quatre-vingt et un	åttien	['ɔti en]
quatre-vingt deux	åttito	['ɔti tʊ]
quatre-vingt trois	åttitre	['ɔti tre]

quatre-vingt-dix	nitti	['niti]
quatre-vingt et onze	nittien	['niti en]
quatre-vingt-douze	nittito	['niti tʊ]
quatre-vingt-treize	nittitre	['niti tre]

8. Les nombres cardinaux. Partie 2

cent	hundre	['hʉndrə]
deux cents	to hundre	['tʊ ˌhʉndrə]
trois cents	tre hundre	['tre ˌhʉndrə]
quatre cents	fire hundre	['fire ˌhʉndrə]
cinq cents	fem hundre	['fɛm ˌhʉndrə]

six cents	seks hundre	['sɛks ˌhʉndrə]
sept cents	syv hundre	['syv ˌhʉndrə]
huit cents	åtte hundre	['ɔtə ˌhʉndrə]
neuf cents	ni hundre	['ni ˌhʉndrə]

mille	tusen	['tʉsən]
deux mille	to tusen	['tʊ ˌtʉsən]
trois mille	tre tusen	['tre ˌtʉsən]
dix mille	ti tusen	['ti ˌtʉsən]
cent mille	hundre tusen	['hʉndrə ˌtʉsən]
million (m)	million (m)	[mi'ljun]
milliard (m)	milliard (m)	[mi'lja:d̦]

9. Les nombres ordinaux

premier (adj)	første	['fœʂtə]
deuxième (adj)	annen	['ɑnən]
troisième (adj)	tredje	['trɛdjə]
quatrième (adj)	fjerde	['fjæɾə]
cinquième (adj)	femte	['fɛmtə]

sixième (adj)	sjette	['ʂɛtə]
septième (adj)	sjuende	['ʂʉenə]
huitième (adj)	åttende	['ɔtenə]
neuvième (adj)	niende	['nienə]
dixième (adj)	tiende	['tienə]

LES COULEURS. LES UNITÉS DE MESURE

10. Les couleurs

couleur (f)	farge (m)	['fɑrgə]
teinte (f)	nyanse (m)	[ny'ɑnse]
ton (m)	fargetone (m)	['fɑrgə,tʉnə]
arc-en-ciel (m)	regnbue (m)	['ræjn,bʉ:ə]
blanc (adj)	hvit	['vit]
noir (adj)	svart	['svɑ:t]
gris (adj)	grå	['grɔ]
vert (adj)	grønn	['grœn]
jaune (adj)	gul	['gʉl]
rouge (adj)	rød	['rø]
bleu (adj)	blå	['blɔ]
bleu clair (adj)	lyseblå	['lysə,blɔ]
rose (adj)	rosa	['rɔsɑ]
orange (adj)	oransje	[ɔ'rɑnʂɛ]
violet (adj)	fiolett	[fiʉ'lət]
brun (adj)	brun	['brʉn]
d'or (adj)	gullgul	['gʉl]
argenté (adj)	sølv-	['søl-]
beige (adj)	beige	['bɛ:ʂ]
crème (adj)	kremfarget	['krɛm,fɑrgət]
turquoise (adj)	turkis	[tʉr'kis]
rouge cerise (adj)	kirsebærrød	['çiʂəbær,rød]
lilas (adj)	lilla	['lilɑ]
framboise (adj)	karminrød	['kɑrmʉ'sin,rød]
clair (adj)	lys	['lys]
foncé (adj)	mørk	['mœrk]
vif (adj)	klar	['klɑr]
de couleur (adj)	farge-	['fɑrgə-]
en couleurs (adj)	farge-	['fɑrgə-]
noir et blanc (adj)	svart-hvit	['svɑ:t vit]
unicolore (adj)	ensfarget	['ɛns,fɑrgət]
multicolore (adj)	mangefarget	['mɑŋə,fɑrgət]

11. Les unités de mesure

poids (m)	vekt (m)	['vɛkt]
longueur (f)	lengde (m/f)	['leŋdə]

largeur (f)	bredde (m)	['brɛdə]
hauteur (f)	høyde (m)	['højdə]
profondeur (f)	dybde (m)	['dʏbdə]
volume (m)	volum (n)	[vɔ'lʉm]
aire (f)	areal (n)	[ˌɑre'ɑl]

gramme (m)	gram (n)	['grɑm]
milligramme (m)	milligram (n)	['miliˌgrɑm]
kilogramme (m)	kilogram (n)	['çiluˌgrɑm]
tonne (f)	tonn (m/n)	['tɔn]
livre (f)	pund (n)	['pʉn]
once (f)	unse (m)	['ʉnsə]

mètre (m)	meter (m)	['metər]
millimètre (m)	millimeter (m)	['miliˌmetər]
centimètre (m)	centimeter (m)	['sɛntiˌmetər]
kilomètre (m)	kilometer (m)	['çiluˌmetər]
mille (m)	mil (m/f)	['mil]

pouce (m)	tomme (m)	['tɔmə]
pied (m)	fot (m)	['fʊt]
yard (m)	yard (m)	['ja:rd]

| mètre (m) carré | kvadratmeter (m) | [kvɑ'drɑtˌmetər] |
| hectare (m) | hektar (n) | ['hɛktɑr] |

litre (m)	liter (m)	['litər]
degré (m)	grad (m)	['grɑd]
volt (m)	volt (m)	['vɔlt]
ampère (m)	ampere (m)	[ɑm'pɛr]
cheval-vapeur (m)	hestekraft (m/f)	['hɛstəˌkrɑft]

quantité (f)	mengde (m)	['mɛŋdə]
un peu de ...	få ...	['fɔ ...]
moitié (f)	halvdel (m)	['hɑldel]
douzaine (f)	dusin (n)	[dʉ'sin]
pièce (f)	stykke (n)	['stʏkə]

| dimension (f) | størrelse (m) | ['stœrəlsə] |
| échelle (f) (de la carte) | målestokk (m) | ['mo:ləˌstɔk] |

minimal (adj)	minimal	[mini'mɑl]
le plus petit (adj)	minste	['minstə]
moyen (adj)	middel-	['midəl-]
maximal (adj)	maksimal	[mɑksi'mɑl]
le plus grand (adj)	største	['stœʂtə]

12. Les récipients

bocal (m) en verre	glaskrukke (m/f)	['glɑsˌkrʉkə]
boîte, canette (f)	boks (m)	['bɔks]
seau (m)	bøtte (m/f)	['bœtə]
tonneau (m)	tønne (m)	['tœnə]
bassine, cuvette (f)	vaskefat (n)	['vɑskəˌfɑt]

cuve (f)	tank (m)	['tɑnk]
flasque (f)	lommelerke (m/f)	['lʊmə‚lærkə]
jerrican (m)	bensinkanne (m/f)	[bɛn'sin‚kanə]
citerne (f)	tank (m)	['tɑnk]

tasse (f), mug (m)	krus (n)	['krʉs]
tasse (f)	kopp (m)	['kɔp]
soucoupe (f)	tefat (n)	['te‚fat]
verre (m) (~ d'eau)	glass (n)	['glɑs]
verre (m) à vin	vinglass (n)	['vin‚glɑs]
faitout (m)	gryte (m/f)	['grytə]

| bouteille (f) | flaske (m) | ['flɑskə] |
| goulot (m) | flaskehals (m) | ['flɑskə‚hɑls] |

carafe (f)	karaffel (m)	[ka'rafəl]
pichet (m)	mugge (m/f)	['mʉgə]
récipient (m)	beholder (m)	[be'hɔlər]
pot (m)	pott, potte (m)	['pɔt], ['pɔtə]
vase (m)	vase (m)	['vɑsə]

flacon (m)	flakong (m)	[fla'kɔŋ]
fiole (f)	flaske (m/f)	['flɑskə]
tube (m)	tube (m)	['tʉbə]

sac (m) (grand ~)	sekk (m)	['sɛk]
sac (m) (~ en plastique)	pose (m)	['pʊsə]
paquet (m) (~ de cigarettes)	pakke (m/f)	['pakə]

boîte (f)	eske (m/f)	['ɛskə]
caisse (f)	kasse (m/f)	['kasə]
panier (m)	kurv (m)	['kʉrv]

LES VERBES LES PLUS IMPORTANTS

13. Les verbes les plus importants. Partie 1

aider (vt)	à hjelpe	[ɔ ˈjɛlpə]
aimer (qn)	à elske	[ɔ ˈɛlskə]
aller (à pied)	à gå	[ɔ ˈgɔ]
apercevoir (vt)	à bemerke	[ɔ beˈmærkə]
appartenir à ...	à tilhøre ...	[ɔ ˈtilˌhørə ...]

appeler (au secours)	à tilkalle	[ɔ ˈtilˌkɑlə]
attendre (vt)	à vente	[ɔ ˈvɛntə]
attraper (vt)	à fange	[ɔ ˈfɑŋə]
avertir (vt)	à varsle	[ɔ ˈvɑʂlə]

avoir (vt)	à ha	[ɔ ˈhɑ]
avoir confiance	à stole på	[ɔ ˈstʉlə pɔ]
avoir faim	à være sulten	[ɔ ˈværə ˈsʉltən]

avoir peur	à frykte	[ɔ ˈfryktə]
avoir soif	à være tørst	[ɔ ˈværə ˈtœʂt]
cacher (vt)	à gjemme	[ɔ ˈjɛmə]
casser (briser)	à bryte	[ɔ ˈbrytə]
cesser (vt)	à slutte	[ɔ ˈʂlʉtə]

changer (vt)	à endre	[ɔ ˈɛndrə]
chasser (animaux)	à jage	[ɔ ˈjagə]
chercher (vt)	à søke ...	[ɔ ˈsøkə ...]
choisir (vt)	à velge	[ɔ ˈvɛlgə]
commander (~ le menu)	à bestille	[ɔ beˈstilə]

commencer (vt)	à begynne	[ɔ beˈjinə]
comparer (vt)	à sammenlikne	[ɔ ˈsamənˌliknə]
comprendre (vt)	à forstå	[ɔ fɔˈʂtɔ]

| compter (dénombrer) | à telle | [ɔ ˈtɛlə] |
| compter sur ... | à regne med ... | [ɔ ˈrɛjnə me ...] |

confondre (vt)	à forveksle	[ɔ fɔrˈvɛkʂlə]
connaître (qn)	à kjenne	[ɔ ˈçɛnə]
conseiller (vt)	à råde	[ɔ ˈroːdə]

| continuer (vt) | à fortsette | [ɔ ˈfortˌsɛtə] |
| contrôler (vt) | à kontrollere | [ɔ kʉntrɔˈlerə] |

courir (vi)	à løpe	[ɔ ˈløpə]
coûter (vt)	à koste	[ɔ ˈkostə]
créer (vt)	à opprette	[ɔ ˈɔpˌrɛtə]
creuser (vt)	à grave	[ɔ ˈgravə]
crier (vi)	à skrike	[ɔ ˈskrikə]

14. Les verbes les plus importants. Partie 2

décorer (~ la maison)	å pryde	[ɔ 'prydə]
défendre (vt)	å forsvare	[ɔ fɔ'ʂvarə]
déjeuner (vi)	å spise lunsj	[ɔ 'spisə ˌlʉnʂ]
demander (~ l'heure)	å spørre	[ɔ 'spørə]
demander (de faire qch)	å be	[ɔ 'be]
descendre (vi)	å gå ned	[ɔ 'gɔ ne]
deviner (vt)	å gjette	[ɔ 'jɛtə]
dîner (vi)	å spise middag	[ɔ 'spisə 'miˌda]
dire (vt)	å si	[ɔ 'si]
diriger (~ une usine)	å styre, å lede	[ɔ 'styrə], [ɔ 'ledə]
discuter (vt)	å diskutere	[ɔ diskʉ'terə]
donner (vt)	å gi	[ɔ 'ji]
donner un indice	å gi et vink	[ɔ 'ji et 'vink]
douter (vt)	å tvile	[ɔ 'tvilə]
écrire (vt)	å skrive	[ɔ 'skrivə]
entendre (bruit, etc.)	å høre	[ɔ 'hørə]
entrer (vi)	å komme inn	[ɔ 'kɔmə in]
envoyer (vt)	å sende	[ɔ 'sɛnə]
espérer (vi)	å håpe	[ɔ 'hoːpə]
essayer (vt)	å prøve	[ɔ 'prøvə]
être (vi)	å være	[ɔ 'værə]
être d'accord	å samtykke	[ɔ 'samˌtʏkə]
être nécessaire	å være behøv	[ɔ 'værə bə'høv]
être pressé	å skynde seg	[ɔ 'ʂynə sæj]
étudier (vt)	å studere	[ɔ stʉ'derə]
excuser (vt)	å unnskylde	[ɔ 'ʉnˌʂylə]
exiger (vt)	å kreve	[ɔ 'krevə]
exister (vi)	å eksistere	[ɔ ɛksi'sterə]
expliquer (vt)	å forklare	[ɔ fɔr'klarə]
faire (vt)	å gjøre	[ɔ 'jørə]
faire tomber	å tappe	[ɔ 'tapə]
finir (vt)	å slutte	[ɔ 'ʂlʉtə]
garder (conserver)	å beholde	[ɔ be'holə]
gronder, réprimander (vt)	å skjelle	[ɔ 'ʂɛːlə]
informer (vt)	å informere	[ɔ infɔr'merə]
insister (vi)	å insistere	[ɔ insi'sterə]
insulter (vt)	å fornærme	[ɔ fɔ:'ɳærmə]
inviter (vt)	å innby, å invitere	[ɔ 'inby], [ɔ invi'terə]
jouer (s'amuser)	å leke	[ɔ 'lekə]

15. Les verbes les plus importants. Partie 3

| libérer (ville, etc.) | å befri | [ɔ be'fri] |
| lire (vi, vt) | å lese | [ɔ 'lesə] |

louer (prendre en location)	å leie	[ɔ 'læjə]
manquer (l'école)	å skulke	[ɔ 'skʉlkə]
menacer (vt)	å true	[ɔ 'trʉə]
mentionner (vt)	å omtale, å nevne	[ɔ 'ɔmˌtɑlə], [ɔ 'nɛvnə]
montrer (vt)	å vise	[ɔ 'visə]
nager (vi)	å svømme	[ɔ 'svœmə]
objecter (vt)	å innvende	[ɔ 'inˌvɛnə]
observer (vt)	å observere	[ɔ ɔbsɛr'verə]
ordonner (mil.)	å beordre	[ɔ be'ɔrdrə]
oublier (vt)	å glemme	[ɔ 'glemə]
ouvrir (vt)	å åpne	[ɔ 'ɔpnə]
pardonner (vt)	å tilgi	[ɔ 'tilˌji]
parler (vi, vt)	å tale	[ɔ 'tɑlə]
participer à ...	å delta	[ɔ 'dɛltɑ]
payer (régler)	å betale	[ɔ be'tɑlə]
penser (vi, vt)	å tenke	[ɔ 'tɛnkə]
permettre (vt)	å tillate	[ɔ 'tiˌlɑtə]
plaire (être apprécié)	å like	[ɔ 'likə]
plaisanter (vi)	å spøke	[ɔ 'spøkə]
planifier (vt)	å planlegge	[ɔ 'plɑnˌlegə]
pleurer (vi)	å gråte	[ɔ 'gro:tə]
posséder (vt)	å besidde, å eie	[ɔ bɛ'sidə], [ɔ 'æjə]
pouvoir (v aux)	å kunne	[ɔ 'kʉnə]
préférer (vt)	å foretrekke	[ɔ 'forəˌtrɛkə]
prendre (vt)	å ta	[ɔ 'tɑ]
prendre en note	å skrive ned	[ɔ 'skrivə ne]
prendre le petit déjeuner	å spise frokost	[ɔ 'spisə ˌfrʉkɔst]
préparer (le dîner)	å lage	[ɔ 'lɑgə]
prévoir (vt)	å forutse	[ɔ 'forʉtˌsə]
prier (~ Dieu)	å be	[ɔ 'be]
promettre (vt)	å love	[ɔ 'lɔvə]
prononcer (vt)	å uttale	[ɔ 'ʉtˌtɑlə]
proposer (vt)	å foreslå	[ɔ 'forəˌşlɔ]
punir (vt)	å straffe	[ɔ 'strɑfə]

16. Les verbes les plus importants. Partie 4

recommander (vt)	å anbefale	[ɔ 'ɑnbeˌfɑlə]
regretter (vt)	å beklage	[ɔ be'klɑgə]
répéter (dire encore)	å gjenta	[ɔ 'jɛntɑ]
répondre (vi, vt)	å svare	[ɔ 'svɑrə]
réserver (une chambre)	å reservere	[ɔ resɛr'verə]
rester silencieux	å tie	[ɔ 'tie]
réunir (regrouper)	å forene	[ɔ fɔ'renə]
rire (vi)	å le, å skratte	[ɔ 'le], [ɔ 'skrɑtə]
s'arrêter (vp)	å stoppe	[ɔ 'stɔpə]
s'asseoir (vp)	å sette seg	[ɔ 'sɛtə sæj]

sauver (la vie à qn)	å redde	[ɔ 'rɛdə]
savoir (qch)	å vite	[ɔ 'vitə]
se baigner (vp)	å bade	[ɔ 'bɑdə]
se plaindre (vp)	å klage	[ɔ 'klɑgə]
se refuser (vp)	å vegre seg	[ɔ 'vɛgrə sæj]

se tromper (vp)	å gjøre feil	[ɔ 'jørə ˌfæjl]
se vanter (vp)	å prale	[ɔ 'prɑlə]
s'étonner (vp)	å bli forundret	[ɔ 'bli fɔ'rʉndrət]
s'excuser (vp)	å unnskylde seg	[ɔ 'ʉnˌʂylə sæj]
signer (vt)	å underskrive	[ɔ 'ʉnəˌskrivə]

signifier (vt)	å bety	[ɔ 'bety]
s'intéresser (vp)	å interessere seg	[ɔ intərə'serə sæj]
sortir (aller dehors)	å gå ut	[ɔ 'gɔ ʉt]
sourire (vi)	å smile	[ɔ 'smilə]
sous-estimer (vt)	å undervurdere	[ɔ 'ʉnərvʉːˌderə]

suivre ... (suivez-moi)	å følge etter ...	[ɔ 'følə 'ɛtər ...]
tirer (vi)	å skyte	[ɔ 'ʂytə]
tomber (vi)	å falle	[ɔ 'fɑlə]
toucher (avec les mains)	å røre	[ɔ 'rørə]
tourner (~ à gauche)	å svinge	[ɔ 'sviŋə]

traduire (vt)	å oversette	[ɔ 'ɔvəˌʂɛtə]
travailler (vi)	å arbeide	[ɔ 'ɑrˌbæjdə]
tromper (vt)	å fuske	[ɔ 'fʉskə]
trouver (vt)	å finne	[ɔ 'finə]
tuer (vt)	å døde, å myrde	[ɔ 'dødə], [ɔ 'mʏːɖə]
vendre (vt)	å selge	[ɔ 'sɛlə]

venir (vi)	å ankomme	[ɔ 'ɑnˌkɔmə]
voir (vt)	å se	[ɔ 'se]
voler (avion, oiseau)	å fly	[ɔ 'fly]
voler (qch à qn)	å stjele	[ɔ 'stjelə]
vouloir (vt)	å ville	[ɔ 'vilə]

LA NOTION DE TEMPS. LE CALENDRIER

17. Les jours de la semaine

lundi (m)	mandag (m)	['mɑn,dɑ]
mardi (m)	tirsdag (m)	['tiʂ,dɑ]
mercredi (m)	onsdag (m)	['ʊns,dɑ]
jeudi (m)	torsdag (m)	['tɔʂ,dɑ]
vendredi (m)	fredag (m)	['frɛ,dɑ]
samedi (m)	lørdag (m)	['lør,dɑ]
dimanche (m)	søndag (m)	['søn,dɑ]
aujourd'hui (adv)	i dag	[i 'dɑ]
demain (adv)	i morgen	[i 'mɔːən]
après-demain (adv)	i overmorgen	[i 'ɔvər,mɔːən]
hier (adv)	i går	[i 'gɔr]
avant-hier (adv)	i forgårs	[i 'for,gɔʂ]
jour (m)	dag (m)	['dɑ]
jour (m) ouvrable	arbeidsdag (m)	['ɑrbæjds,dɑ]
jour (m) férié	festdag (m)	['fɛst,dɑ]
jour (m) de repos	fridag (m)	['fri,dɑ]
week-end (m)	ukeslutt (m), helg (f)	['ʉkə,ʂlʉt], ['hɛlg]
toute la journée	hele dagen	['helə 'dɑgən]
le lendemain	neste dag	['nɛstə ,dɑ]
il y a 2 jours	for to dager siden	[for tʊ 'dɑgər ,sidən]
la veille	dagen før	['dɑgən 'før]
quotidien (adj)	daglig	['dɑgli]
tous les jours	hver dag	['vɛr dɑ]
semaine (f)	uke (m/f)	['ʉkə]
la semaine dernière	siste uke	['sistə 'ʉkə]
la semaine prochaine	i neste uke	[i 'nɛstə 'ʉkə]
hebdomadaire (adj)	ukentlig	['ʉkəntli]
chaque semaine	hver uke	['vɛr 'ʉkə]
2 fois par semaine	to ganger per uke	['tʊ 'gɑŋər per 'ʉkə]
tous les mardis	hver tirsdag	['vɛr 'tiʂdɑ]

18. Les heures. Le jour et la nuit

matin (m)	morgen (m)	['mɔːən]
le matin	om morgenen	[ɔm 'mɔːenən]
midi (m)	middag (m)	['mi,dɑ]
dans l'après-midi	om ettermiddagen	[ɔm 'ɛtər,midagən]
soir (m)	kveld (m)	['kvɛl]
le soir	om kvelden	[ɔm 'kvɛlən]

nuit (f)	natt (m/f)	['nat]
la nuit	om natta	[ɔm 'nata]
minuit (f)	midnatt (m/f)	['mid,nat]
seconde (f)	sekund (m/n)	[se'kʉn]
minute (f)	minutt (n)	[mi'nʉt]
heure (f)	time (m)	['timə]
demi-heure (f)	halvtime (m)	['hal,timə]
un quart d'heure	kvarter (n)	[kvaːʈer]
quinze minutes	femten minutter	['fɛmtən mi'nʉtər]
vingt-quatre heures	døgn (n)	['døjn]
lever (m) du soleil	soloppgang (m)	['sʉlɔp,gaŋ]
aube (f)	daggry (n)	['dag,gry]
point (m) du jour	tidlig morgen (m)	['tili 'mɔːən]
coucher (m) du soleil	solnedgang (m)	['sʉlned,gaŋ]
tôt le matin	tidlig om morgenen	['tili ɔm 'mɔːenən]
ce matin	i morges	[i 'mɔrəs]
demain matin	i morgen tidlig	[i 'mɔːən 'tili]
cet après-midi	i formiddag	[i 'fɔrmi,da]
dans l'après-midi	om ettermiddagen	[ɔm 'ɛtər,midagən]
demain après-midi	i morgen ettermiddag	[i 'mɔːən 'ɛtər,mida]
ce soir	i kveld	[i 'kvɛl]
demain soir	i morgen kveld	[i 'mɔːən ,kvɛl]
à 3 heures précises	presis klokka tre	[prɛ'sis 'klɔka tre]
autour de 4 heures	ved fire-tiden	[ve 'fire ,tidən]
vers midi	innen klokken tolv	['inən 'klɔkən tɔl]
dans 20 minutes	om tjue minutter	[ɔm 'çʉə mi'nʉtər]
dans une heure	om en time	[ɔm en 'timə]
à temps	i tide	[i 'tidə]
... moins le quart	kvart på ...	['kvaːʈ pɔ ...]
en une heure	innen en time	['inən en 'timə]
tous les quarts d'heure	hvert kvarter	['vɛːʈ kvaːʈer]
24 heures sur 24	døgnet rundt	['døjne ,rʉnt]

19. Les mois. Les saisons

janvier (m)	januar (m)	['janʉ,ar]
février (m)	februar (m)	['febrʉ,ar]
mars (m)	mars (m)	['maʂ]
avril (m)	april (m)	[a'pril]
mai (m)	mai (m)	['maj]
juin (m)	juni (m)	['jʉni]
juillet (m)	juli (m)	['jʉli]
août (m)	august (m)	[aʉ'gʉst]
septembre (m)	september (m)	[sep'tɛmbər]
octobre (m)	oktober (m)	[ɔk'tʉbər]

| novembre (m) | november (m) | [nʊˈvɛmbər] |
| décembre (m) | desember (m) | [deˈsɛmbər] |

printemps (m)	vår (m)	[ˈvɔːr]
au printemps	om våren	[ɔm ˈvoːrən]
de printemps (adj)	vår-, vårlig	[ˈvɔːr-], [ˈvɔːlị]

été (m)	sommer (m)	[ˈsɔmər]
en été	om sommeren	[ɔm ˈsɔmerən]
d'été (adj)	sommer-	[ˈsɔmər-]

automne (m)	høst (m)	[ˈhøst]
en automne	om høsten	[ɔm ˈhøstən]
d'automne (adj)	høst-, høstlig	[ˈhøst-], [ˈhøstli]

hiver (m)	vinter (m)	[ˈvintər]
en hiver	om vinteren	[ɔm ˈvinterən]
d'hiver (adj)	vinter-	[ˈvintər-]

mois (m)	måned (m)	[ˈmoːnət]
ce mois	denne måneden	[ˈdɛnə ˈmoːnedən]
le mois prochain	neste måned	[ˈnɛstə ˈmoːnət]
le mois dernier	forrige måned	[ˈforiə ˌmoːnət]

il y a un mois	for en måned siden	[for en ˈmoːnət ˌsidən]
dans un mois	om en måned	[ɔm en ˈmoːnət]
dans 2 mois	om to måneder	[ɔm ˈtʊ ˈmoːnedər]
tout le mois	en hel måned	[en ˈhel ˈmoːnət]
tout un mois	hele måned	[ˈhelə ˈmoːnət]

mensuel (adj)	månedlig	[ˈmoːnədli]
mensuellement	månedligt	[ˈmoːnedlət]
chaque mois	hver måned	[ˌvɛr ˈmoːnət]
2 fois par mois	to ganger per måned	[ˈtʊ ˈgaŋər per ˈmoːnət]

année (f)	år (n)	[ˈɔr]
cette année	i år	[i ˈoːr]
l'année prochaine	neste år	[ˈnɛstə ˌoːr]
l'année dernière	i fjor	[i ˈfjɔr]

il y a un an	for et år siden	[for et ˈoːr ˌsidən]
dans un an	om et år	[ɔm et ˈoːr]
dans 2 ans	om to år	[ɔm ˈtʊ ˈoːr]
toute l'année	hele året	[ˈhelə ˈoːre]
toute une année	hele året	[ˈhelə ˈoːre]

chaque année	hvert år	[ˈvɛːt̪ ˈoːr]
annuel (adj)	årlig	[ˈoːlị]
annuellement	årlig, hvert år	[ˈoːlị], [ˈvɛːt̪ ˈɔr]
4 fois par an	fire ganger per år	[ˈfire ˈgaŋər per ˈoːr]

date (f) (jour du mois)	dato (m)	[ˈdatʊ]
date (f) (~ mémorable)	dato (m)	[ˈdatʊ]
calendrier (m)	kalender (m)	[kaˈlendər]
six mois	halvår (n)	[ˈhalˌoːr]
semestre (m)	halvår (n)	[ˈhalˌoːr]

| saison (f) | årstid (m/f) | ['oːʂˌtid] |
| siècle (m) | århundre (n) | ['ɔrˌhʉndrə] |

LES VOYAGES. L'HÔTEL

20. Les voyages. Les excursions

tourisme (m)	turisme (m)	[tʉ'rismə]
touriste (m)	turist (m)	[tʉ'rist]
voyage (m) (à l'étranger)	reise (m/f)	['ræjsə]
aventure (f)	eventyr (n)	['ɛvənˌtyr]
voyage (m)	tripp (m)	['trip]
vacances (f pl)	ferie (m)	['fɛriə]
être en vacances	å være på ferie	[ɔ 'værə pɔ 'fɛriə]
repos (m) (jours de ~)	hvile (m/f)	['vilə]
train (m)	tog (n)	['tɔg]
en train	med tog	[me 'tɔg]
avion (m)	fly (n)	['fly]
en avion	med fly	[me 'fly]
en voiture	med bil	[me 'bil]
en bateau	med skip	[me 'ʂip]
bagage (m)	bagasje (m)	[ba'gaʂə]
malle (f)	koffert (m)	['kʉfɛːt]
chariot (m)	bagasjetralle (m/f)	[ba'gaʂəˌtralə]
passeport (m)	pass (n)	['pas]
visa (m)	visum (n)	['visʉm]
ticket (m)	billett (m)	[bi'let]
billet (m) d'avion	flybillett (m)	['fly bi'let]
guide (m) (livre)	reisehåndbok (m/f)	['ræjsəˌhɔnbʉk]
carte (f)	kart (n)	['kaːt]
région (f) (~ rurale)	område (n)	['ɔmˌroːdə]
endroit (m)	sted (n)	['sted]
exotique (adj)	eksotisk	[ɛk'sʉtisk]
étonnant (adj)	forunderlig	[fɔ'rʉndeːʝi]
groupe (m)	gruppe (m)	['grʉpə]
excursion (f)	utflukt (m/f)	['ʉtˌflʉkt]
guide (m) (personne)	guide (m)	['gajd]

21. L'hôtel

hôtel (m)	hotell (n)	[hʉ'tɛl]
motel (m)	motell (n)	[mʉ'tɛl]
3 étoiles	trestjernet	['treˌstjæːɳə]
5 étoiles	femstjernet	['fɛmˌstjæːɳə]

descendre (à l'hôtel)	à bo	[ɔ 'bʊ]
chambre (f)	rom (n)	['rʊm]
chambre (f) simple	enkeltrom (n)	['ɛnkelt,rʊm]
chambre (f) double	dobbeltrom (n)	['dɔbelt,rʊm]
réserver une chambre	å reservere rom	[ɔ resɛr'verə 'rʊm]
demi-pension (f)	halvpensjon (m)	['hal pan,ʂʊn]
pension (f) complète	fullpensjon (m)	['fʉl pan,ʂʊn]
avec une salle de bain	med badekar	[me 'badə,kar]
avec une douche	med dusj	[me 'dʉʂ]
télévision (f) par satellite	satellitt-TV (m)	[satɛ'lit 'tɛvɛ]
climatiseur (m)	klimaanlegg (n)	['klima'an,leg]
serviette (f)	håndkle (n)	['hɔn,kle]
clé (f)	nøkkel (m)	['nøkəl]
administrateur (m)	administrator (m)	[admini'strɑ:tʊr]
femme (f) de chambre	stuepike (m/f)	['stʉə,pikə]
porteur (m)	pikkolo (m)	['pikɔlɔ]
portier (m)	portier (m)	[pɔ:'tje]
restaurant (m)	restaurant (m)	[rɛstʊ'raŋ]
bar (m)	bar (m)	['bar]
petit déjeuner (m)	frokost (m)	['frʊkɔst]
dîner (m)	middag (m)	['mi,da]
buffet (m)	buffet (m)	[bʉ'fɛ]
hall (m)	hall, lobby (m)	['hal], ['lɔbi]
ascenseur (m)	heis (m)	['hæjs]
PRIÈRE DE NE PAS DÉRANGER	VENNLIGST IKKE FORSTYRR!	['vɛnligt ikə fɔ'ʂtyr]
DÉFENSE DE FUMER	RØYKING FORBUDT	['røjkiŋ fɔr'bʉt]

22. Le tourisme

monument (m)	monument (n)	[mɔnʉ'mɛnt]
forteresse (f)	festning (m/f)	['fɛstniŋ]
palais (m)	palass (n)	[pa'las]
château (m)	borg (m)	['bɔrg]
tour (f)	tårn (n)	['tɔ:ɳ]
mausolée (m)	mausoleum (n)	[maʊsʊ'leum]
architecture (f)	arkitektur (m)	[arkitɛk'tʉr]
médiéval (adj)	middelalderlig	['midəl,aldɛ:[i]
ancien (adj)	gammel	['gaməl]
national (adj)	nasjonal	[naʂʊ'nal]
connu (adj)	kjent	['çɛnt]
touriste (m)	turist (m)	[tʉ'rist]
guide (m) (personne)	guide (m)	['gajd]
excursion (f)	utflukt (m/f)	['ʉt,flʉkt]
montrer (vt)	å vise	[ɔ 'visə]
raconter (une histoire)	å fortelle	[ɔ fɔ:'ʈɛlə]

31

trouver (vt)	**à finne**	[ɔ 'finə]
se perdre (vp)	**à gå seg bort**	[ɔ 'gɔ sæj 'buːt]
plan (m) (du metro, etc.)	**kart, linjekart** (n)	['kɑːt], ['linjə'kɑːt]
carte (f) (de la ville, etc.)	**kart** (n)	['kɑːt]
souvenir (m)	**suvenir** (m)	[sʉve'nir]
boutique (f) de souvenirs	**suvenirbutikk** (m)	[sʉve'nir bʉ'tik]
prendre en photo	**à fotografere**	[ɔ fotɔgrɑ'ferə]
se faire prendre en photo	**à bli fotografert**	[ɔ 'bli fotɔgrɑ'fɛːʈ]

LES TRANSPORTS

23. L'aéroport

aéroport (m)	flyplass (m)	['fly,plɑs]
avion (m)	fly (n)	['fly]
compagnie (f) aérienne	flyselskap (n)	['flysəl,skɑp]
contrôleur (m) aérien	flygeleder (m)	['flygə,ledər]
départ (m)	avgang (m)	['ɑv,gɑŋ]
arrivée (f)	ankomst (m)	['ɑn,kɔmst]
arriver (par avion)	å ankomme	[ɔ 'ɑn,kɔmə]
temps (m) de départ	avgangstid (m/f)	['ɑvgɑŋs,tid]
temps (m) d'arrivée	ankomsttid (m/f)	[ɑn'kɔms,tid]
être retardé	å bli forsinket	[ɔ 'bli fɔ'ʂinkət]
retard (m) de l'avion	avgangsforsinkelse (m)	['ɑvgɑŋs fɔ'ʂinkəlsə]
tableau (m) d'informations	informasjonstavle (m/f)	[infɔrmɑ'ʂuns ,tɑvlə]
information (f)	informasjon (m)	[infɔrmɑ'ʂun]
annoncer (vt)	å meddele	[ɔ 'mɛd,delə]
vol (m)	fly (n)	['fly]
douane (f)	toll (m)	['tɔl]
douanier (m)	tollbetjent (m)	['tɔlbe,tjɛnt]
déclaration (f) de douane	tolldeklarasjon (m)	['tɔldɛklɑrɑ'ʂun]
remplir (vt)	å utfylle	[ɔ 'ʉt,fvlə]
remplir la déclaration	å utfylle en tolldeklarasjon	[ɔ 'ʉt,fvlə en 'tɔldɛklɑrɑ,ʂun]
contrôle (m) de passeport	passkontroll (m)	['pɑskʉn,trɔl]
bagage (m)	bagasje (m)	[bɑ'gɑʂə]
bagage (m) à main	håndbagasje (m)	['hɔn,bɑ'gɑʂə]
chariot (m)	bagasjetralle (m/f)	[bɑ'gɑʂə,trɑlə]
atterrissage (m)	landing (m)	['lɑniŋ]
piste (f) d'atterrissage	landingsbane (m)	['lɑniŋs,bɑnə]
atterrir (vi)	å lande	[ɔ 'lɑnə]
escalier (m) d'avion	trapp (m/f)	['trɑp]
enregistrement (m)	innsjekking (m/f)	['in,ʂɛkiŋ]
comptoir (m) d'enregistrement	innsjekkingsskranke (m)	['in,ʂɛkiŋs ,skrɑnkə]
s'enregistrer (vp)	å sjekke inn	[ɔ 'ʂɛkə in]
carte (f) d'embarquement	boardingkort (n)	['bɔ:diŋ,kɔ:t]
porte (f) d'embarquement	gate (m/f)	['gejt]
transit (m)	transitt (m)	[trɑn'sit]
attendre (vt)	å vente	[ɔ 'vɛntə]
salle (f) d'attente	ventehall (m)	['vɛntə,hɑl]

| raccompagner (à l'aéroport, etc.) | à ta avskjed | [ɔ 'ta 'afˌʂɛd] |
| dire au revoir | å si farvel | [ɔ 'si far'vɛl] |

24. L'avion

avion (m)	fly (n)	['fly]
billet (m) d'avion	flybillett (m)	['fly bi'let]
compagnie (f) aérienne	flyselskap (n)	['flyselˌskap]
aéroport (m)	flyplass (m)	['flyˌplas]
supersonique (adj)	overlyds-	['ɔveˌlyds-]

commandant (m) de bord	kaptein (m)	[kap'tæjn]
équipage (m)	besetning (m/f)	[be'sɛtniŋ]
pilote (m)	pilot (m)	[pi'lɔt]
hôtesse (f) de l'air	flyvertinne (m/f)	[flyvɛː'ʈinə]
navigateur (m)	styrmann (m)	['styrˌman]

ailes (f pl)	vinger (m pl)	['viŋər]
queue (f)	hale (m)	['halə]
cabine (f)	cockpit, førerkabin (m)	['kɔkpit], ['førərkaˌbin]
moteur (m)	motor (m)	['mɔtʊr]

| train (m) d'atterrissage | landingshjul (n) | ['laniŋsˌjʉl] |
| turbine (f) | turbin (m) | [tʉr'bin] |

| hélice (f) | propell (m) | [prʊ'pɛl] |
| boîte (f) noire | svart boks (m) | ['svaːʈ bɔks] |

| gouvernail (m) | ratt (n) | ['rat] |
| carburant (m) | brensel (n) | ['brɛnsəl] |

consigne (f) de sécurité	sikkerhetsbrosjyre (m)	['sikərhɛtsˌbrɔ'ʂyrə]
masque (m) à oxygène	oksygenmaske (m/f)	['ɔksygənˌmaskə]
uniforme (m)	uniform (m)	[ʉni'fɔrm]

| gilet (m) de sauvetage | redningsvest (m) | ['rɛdniŋsˌvɛst] |
| parachute (m) | fallskjerm (m) | ['falˌʂærm] |

décollage (m)	start (m)	['staːʈ]
décoller (vi)	å løfte	[ɔ 'lœftə]
piste (f) de décollage	startbane (m)	['staːʈˌbanə]

| visibilité (f) | siktbarhet (m) | ['siktbarˌhet] |
| vol (m) (~ d'oiseau) | flyging (m/f) | ['flygiŋ] |

| altitude (f) | høyde (m) | ['højdə] |
| trou (m) d'air | lufthull (n) | ['lʉftˌhʉl] |

place (f)	plass (m)	['plas]
écouteurs (m pl)	hodetelefoner (n pl)	['hɔdəteləˌfʊnər]
tablette (f)	klappbord (n)	['klapˌbʊr]
hublot (m)	vindu (n)	['vindʉ]
couloir (m)	midtgang (m)	['mitˌgaŋ]

25. Le train

train (m)	tog (n)	['tɔg]
train (m) de banlieue	lokaltog (n)	[lo'kal͜tɔg]
TGV (m)	ekspresstog (n)	[ɛks'prɛs͜tɔg]
locomotive (f) diesel	diesellokomotiv (n)	['disəl lʊkɔmɔ'tiv]
locomotive (f) à vapeur	damplokomotiv (n)	['damp lʊkɔmɔ'tiv]
wagon (m)	vogn (m)	['vɔŋn]
wagon-restaurant (m)	restaurantvogn (m/f)	[rɛstʊ'raŋ͜vɔŋn]
rails (m pl)	skinner (m/f pl)	['ʂinər]
chemin (m) de fer	jernbane (m)	['jæːn͜banə]
traverse (f)	sville (m/f)	['svilə]
quai (m)	perrong, plattform (m/f)	[pɛ'rɔŋ], ['platfɔrm]
voie (f)	spor (n)	['spʊr]
sémaphore (m)	semafor (m)	[sema'fʊr]
station (f)	stasjon (m)	[sta'ʂʊn]
conducteur (m) de train	lokfører (m)	['lʊk͜førər]
porteur (m)	bærer (m)	['bærər]
steward (m)	betjent (m)	['be'tjɛnt]
passager (m)	passasjer (m)	[pasa'ʂɛr]
contrôleur (m) de billets	billett inspektør (m)	[bi'let inspɛk'tør]
couloir (m)	korridor (m)	[kʊri'dɔr]
frein (m) d'urgence	nødbrems (m)	['nød͜brɛms]
compartiment (m)	kupé (m)	[kʉ'pe]
couchette (f)	køye (m/f)	['køjə]
couchette (f) d'en haut	overkøye (m/f)	['ɔvər͜køjə]
couchette (f) d'en bas	underkøye (m/f)	['ʉnər͜køjə]
linge (m) de lit	sengetøy (n)	['sɛŋə͜tøj]
ticket (m)	billett (m)	[bi'let]
horaire (m)	rutetabell (m)	['rʉtə͜ta'bɛl]
tableau (m) d'informations	informasjonstavle (m/f)	[infɔrma'ʂʊns ͜tavlə]
partir (vi)	å avgå	[ɔ 'avgɔ]
départ (m) (du train)	avgang (m)	['av͜gaŋ]
arriver (le train)	å ankomme	[ɔ 'an͜kɔmə]
arrivée (f)	ankomst (m)	['an͜kɔmst]
arriver en train	å ankomme med toget	[ɔ 'an͜kɔmə me 'tɔgə]
prendre le train	å gå på toget	[ɔ 'gɔ pɔ 'tɔgə]
descendre du train	å gå av toget	[ɔ 'gɔ ɑ: 'tɔgə]
accident (m) ferroviaire	togulykke (m/n)	['tɔg ʉ'lʏkə]
dérailler (vi)	å spore av	[ɔ 'spʊrə ɑ:]
locomotive (f) à vapeur	damplokomotiv (n)	['damp lʊkɔmɔ'tiv]
chauffeur (m)	fyrbøter (m)	['fyr͜bøtər]
chauffe (f)	fyrrom (n)	['fyr͜rʊm]
charbon (m)	kull (n)	['kʉl]

26. Le bateau

bateau (m)	skip (n)	['şip]
navire (m)	fartøy (n)	['fɑːˌtøj]
bateau (m) à vapeur	dampskip (n)	['dɑmpˌşip]
paquebot (m)	elvebåt (m)	['ɛlvəˌbɔt]
bateau (m) de croisière	cruiseskip (n)	['krʉsˌşip]
croiseur (m)	krysser (m)	['krysər]
yacht (m)	jakt (m/f)	['jakt]
remorqueur (m)	bukserbåt (m)	[bʉk'serˌbɔt]
péniche (f)	lastepram (m)	['lɑstəˌprɑm]
ferry (m)	ferje, ferge (m/f)	['færjə], ['færgə]
voilier (m)	seilbåt (n)	['sæjlˌbɔt]
brigantin (m)	brigantin (m)	[brigɑn'tin]
brise-glace (m)	isbryter (m)	['isˌbrytər]
sous-marin (m)	ubåt (m)	['ʉːˌbɔt]
canot (m) à rames	båt (m)	['bɔt]
dinghy (m)	jolle (m/f)	['jolə]
canot (m) de sauvetage	livbåt (m)	['livˌbɔt]
canot (m) à moteur	motorbåt (m)	['motʉrˌbɔt]
capitaine (m)	kaptein (m)	[kɑp'tæjn]
matelot (m)	matros (m)	[mɑ'trʉs]
marin (m)	sjømann (m)	['şøˌmɑn]
équipage (m)	besetning (m/f)	[be'sɛtniŋ]
maître (m) d'équipage	båtsmann (m)	['bosˌmɑn]
mousse (m)	skipsgutt, jungmann (m)	['şipsˌgʉt], ['jʉŋˌmɑn]
cuisinier (m) du bord	kokk (m)	['kʉk]
médecin (m) de bord	skipslege (m)	['şipsˌlegə]
pont (m)	dekk (n)	['dɛk]
mât (m)	mast (m/f)	['mɑst]
voile (f)	seil (n)	['sæjl]
cale (f)	lasterom (n)	['lɑstəˌrʉm]
proue (f)	baug (m)	['bæu]
poupe (f)	akterende (m)	['ɑktəˌrɛnə]
rame (f)	åre (m)	['oːrə]
hélice (f)	propell (m)	[prʉ'pɛl]
cabine (f)	hytte (m)	['hʏte]
carré (m) des officiers	offisersmesse (m/f)	[ofi'sɛrsˌmɛsə]
salle (f) des machines	maskinrom (n)	[mɑ'şinˌrʉm]
passerelle (f)	kommandobro (m/f)	[kɔ'mɑndʉˌbrʉ]
cabine (f) de T.S.F.	radiorom (m)	['rɑdiʉˌrʉm]
onde (f)	bølge (m)	['bølgə]
journal (m) de bord	loggbok (m/f)	['logˌbʉk]
longue-vue (f)	langkikkert (m)	['lɑŋˌkike:t]
cloche (f)	klokke (m/f)	['klɔkə]

pavillon (m)	**flagg** (n)	['flɑg]
grosse corde (f) tressée	**trosse** (m/f)	['trʊsə]
nœud (m) marin	**knute** (m)	['knʉtə]
rampe (f)	**rekkverk** (n)	['rɛk‚værk]
passerelle (f)	**landgang** (m)	['lɑn‚gɑŋ]
ancre (f)	**anker** (n)	['ɑnkər]
lever l'ancre	**å lette anker**	[ɔ 'letə 'ɑnkər]
jeter l'ancre	**å kaste anker**	[ɔ 'kɑstə 'ɑnkər]
chaîne (f) d'ancrage	**ankerkjetting** (m)	['ɑnkər‚çɛtiŋ]
port (m)	**havn** (m/f)	['hɑvn]
embarcadère (m)	**kai** (m/f)	['kɑj]
accoster (vi)	**å fortøye**	[ɔ fɔ:'ʈøjə]
larguer les amarres	**å kaste loss**	[ɔ 'kɑstə lɔs]
voyage (m) (à l'étranger)	**reise** (m/f)	['ræjsə]
croisière (f)	**cruise** (n)	['krʉs]
cap (m) (suivre un ~)	**kurs** (m)	['kʉʂ]
itinéraire (m)	**rute** (m/f)	['rʉtə]
chenal (m)	**seilrende** (m)	['sæjl‚rɛnə]
bas-fond (m)	**grunne** (m/f)	['grʉnə]
échouer sur un bas-fond	**å gå på grunn**	[ɔ 'gɔ pɔ 'grʉn]
tempête (f)	**storm** (m)	['stɔrm]
signal (m)	**signal** (n)	[siŋ'nɑl]
sombrer (vi)	**å synke**	[ɔ 'sʏnkə]
Un homme à la mer!	**Mann over bord!**	['mɑn ‚ovər 'bʊr]
SOS (m)	**SOS** (n)	[ɛsʉ'ɛs]
bouée (f) de sauvetage	**livbøye** (m/f)	['liv‚bøjə]

LA VILLE

27. Les transports en commun

autobus (m)	buss (m)	['bʉs]
tramway (m)	trikk (m)	['trik]
trolleybus (m)	trolleybuss (m)	['trɔliˌbʉs]
itinéraire (m)	rute (m/f)	['rʉtə]
numéro (m)	nummer (n)	['nʉmər]
prendre ...	å kjøre med ...	[ɔ 'çœːrə me ...]
monter (dans l'autobus)	å gå på ...	[ɔ 'gɔ pɔ ...]
descendre de ...	å gå av ...	[ɔ 'gɔ ɑː ...]
arrêt (m)	holdeplass (m)	['hɔləˌplɑs]
arrêt (m) prochain	neste holdeplass (m)	['nɛstə 'hɔləˌplɑs]
terminus (m)	endestasjon (m)	['ɛnəˌstɑ'ʂʉn]
horaire (m)	rutetabell (m)	['rʉtəˌtɑ'bɛl]
attendre (vt)	å vente	[ɔ 'vɛntə]
ticket (m)	billett (m)	[bi'let]
prix (m) du ticket	billettpris (m)	[bi'letˌpris]
caissier (m)	kasserer (m)	[kɑ'serər]
contrôle (m) des tickets	billettkontroll (m)	[bi'let kʉnˌtrɔl]
contrôleur (m)	billett inspektør (m)	[bi'let inspɛk'tør]
être en retard	å komme for sent	[ɔ 'kɔmə fɔ'ʂɛnt]
rater (~ le train)	å komme for sent til ...	[ɔ 'kɔmə fɔ'ʂɛnt til ...]
se dépêcher	å skynde seg	[ɔ 'ʂynə sæj]
taxi (m)	drosje (m/f), taxi (m)	['drɔʂɛ], ['tɑksi]
chauffeur (m) de taxi	taxisjåfør (m)	['tɑksi ʂɔ'før]
en taxi	med taxi	[me 'tɑksi]
arrêt (m) de taxi	taxiholdeplass (m)	['tɑksi 'hɔləˌplɑs]
appeler un taxi	å taxi bestellen	[ɔ 'tɑksi be'stɛlən]
prendre un taxi	å ta taxi	[ɔ 'tɑ ˌtɑksi]
trafic (m)	trafikk (m)	[trɑ'fik]
embouteillage (m)	trafikkork (m)	[trɑ'fikˌkɔrk]
heures (f pl) de pointe	rushtid (m/f)	['rʉʂˌtid]
se garer (vp)	å parkere	[ɔ pɑr'kerə]
garer (vt)	å parkere	[ɔ pɑr'kerə]
parking (m)	parkeringsplass (m)	[pɑr'keriŋsˌplɑs]
métro (m)	tunnelbane, T-bane (m)	['tʉnəlˌbɑnə], ['tɛːˌbɑnə]
station (f)	stasjon (f)	[stɑ'ʂʉn]
prendre le métro	å kjøre med T-bane	[ɔ 'çœːrə me 'tɛːˌbɑnə]
train (m)	tog (n)	['tɔg]
gare (f)	togstasjon (m)	['tɔgˌstɑ'ʂʉn]

28. La ville. La vie urbaine

ville (f)	by (m)	['by]
capitale (f)	hovedstad (m)	['huvəd‚stad]
village (m)	landsby (m)	['lans‚by]
plan (m) de la ville	bykart (n)	['by‚kɑːʈ]
centre-ville (m)	sentrum (n)	['sɛntrum]
banlieue (f)	forstad (m)	['fɔ‚stad]
de banlieue (adj)	forstads-	['fɔ‚stads-]
périphérie (f)	utkant (m)	['ʉt‚kant]
alentours (m pl)	omegner (m pl)	['ɔm‚æjnər]
quartier (m)	kvarter (n)	[kvɑːʈer]
quartier (m) résidentiel	boligkvarter (n)	['bʉli‚kvɑːˈʈer]
trafic (m)	trafikk (m)	[trɑ'fik]
feux (m pl) de circulation	trafikklys (n)	[trɑ'fik‚lys]
transport (m) urbain	offentlig transport (m)	['ɔfentli trans'pɔːʈ]
carrefour (m)	veikryss (n)	['væjkrʏs]
passage (m) piéton	fotgjengerovergang (m)	['fʊtjɛŋər 'ɔver‚gɑŋ]
passage (m) souterrain	undergang (m)	['ʉnər‚gɑŋ]
traverser (vt)	å gå over	[ɔ 'gɔ 'ɔver]
piéton (m)	fotgjenger (m)	['fʊtjɛŋər]
trottoir (m)	fortau (n)	['fɔː‚taʊ]
pont (m)	bro (m/f)	['brʊ]
quai (m)	kai (m/f)	['kaj]
fontaine (f)	fontene (m)	['fʊntnə]
allée (f)	allé (m)	[ɑ'leː]
parc (m)	park (m)	['pɑrk]
boulevard (m)	bulevard (m)	[bule'vɑr]
place (f)	torg (n)	['tɔr]
avenue (f)	aveny (m)	[ɑve'ny]
rue (f)	gate (m/f)	['gɑtə]
ruelle (f)	sidegate (m/f)	['sidə‚gɑtə]
impasse (f)	blindgate (m/f)	['blin‚gɑtə]
maison (f)	hus (n)	['hʉs]
édifice (m)	bygning (m/f)	['bʏgniŋ]
gratte-ciel (m)	skyskraper (m)	['ʂy‚skrɑpər]
façade (f)	fasade (m)	[fɑ'sɑdə]
toit (m)	tak (n)	['tɑk]
fenêtre (f)	vindu (n)	['vindʉ]
arc (m)	bue (n)	['bʉːə]
colonne (f)	søyle (m)	['søjlə]
coin (m)	hjørne (n)	['jœːŋə]
vitrine (f)	utstillingsvindu (n)	['ʉt‚stiliŋs 'vindʉ]
enseigne (f)	skilt (n)	['ʂilt]
affiche (f)	plakat (m)	[plɑ'kɑt]
affiche (f) publicitaire	reklameplakat (m)	[rɛ'klɑmə‚plɑ'kɑt]

panneau-réclame (m)	reklametavle (m/f)	[rɛ'klaməˌtavlə]
ordures (f pl)	søppel (m/f/n), avfall (n)	['sœpəl], ['avˌfal]
poubelle (f)	søppelkasse (m/f)	['sœpəlˌkasə]
jeter à terre	å kaste søppel	[ɔ 'kastə 'sœpəl]
décharge (f)	søppelfylling (m/f), deponi (n)	['sœpəlˌfvliŋ], [ˌdepɔ'ni]

cabine (f) téléphonique	telefonboks (m)	[tele'funˌbɔks]
réverbère (m)	lyktestolpe (m)	['lʏktəˌstɔlpə]
banc (m)	benk (m)	['bɛŋk]

policier (m)	politi (m)	[pʊli'ti]
police (f)	politi (n)	[pʊli'ti]
clochard (m)	tigger (m)	['tigər]
sans-abri (m)	hjemløs	['jɛmˌløs]

29. Les institutions urbaines

magasin (m)	forretning, butikk (m)	[fɔ'rɛtniŋ], [bʉ'tik]
pharmacie (f)	apotek (n)	[apʊ'tek]
opticien (m)	optikk (m)	[ɔp'tik]
centre (m) commercial	kjøpesenter (n)	['çœpəˌsɛntər]
supermarché (m)	supermarked (n)	['sʉpəˌmarket]

boulangerie (f)	bakeri (n)	[bake'ri]
boulanger (m)	baker (m)	['bakər]
pâtisserie (f)	konditori (n)	[kʊnditɔ'ri]
épicerie (f)	matbutikk (m)	['matbʉˌtik]
boucherie (f)	slakterbutikk (m)	['şlaktəbʉˌtik]

| magasin (m) de légumes | grønnsaksbutikk (m) | ['grœnˌsaks bʉ'tik] |
| marché (m) | marked (n) | ['markəd] |

salon (m) de café	kafé, kaffebar (m)	[ka'fe], ['kafəˌbar]
restaurant (m)	restaurant (m)	[rɛstʊ'raŋ]
brasserie (f)	pub (m)	['pʉb]
pizzeria (f)	pizzeria (m)	[pitsə'ria]

salon (m) de coiffure	frisørsalong (m)	[fri'sør saˌlɔŋ]
poste (f)	post (m)	['pɔst]
pressing (m)	renseri (n)	[rɛnse'ri]
atelier (m) de photo	fotostudio (n)	['fotɔˌstʉdiɔ]

magasin (m) de chaussures	skobutikk (m)	['skʊˌbʉ'tik]
librairie (f)	bokhandel (m)	['bʊkˌhandəl]
magasin (m) d'articles de sport	idrettsbutikk (m)	['idrɛts bʉ'tik]

atelier (m) de retouche	reparasjon (m) av klær	[repara'şʊn ɑ: ˌklær]
location (f) de vêtements	leie (m/f) av klær	['læjə ɑ: ˌklær]
location (f) de films	filmutleie (m/f)	['filmˌʉt'læje]

cirque (m)	sirkus (m/n)	['sirkʉs]
zoo (m)	zoo, dyrepark (m)	['sʊ:], [dyrə'park]
cinéma (m)	kino (m)	['çinʊ]
musée (m)	museum (n)	[mʉ'seum]

bibliothèque (f)	bibliotek (n)	[bibliu'tek]
théâtre (m)	teater (n)	[te'atər]
opéra (m)	opera (m)	['ʊpera]
boîte (f) de nuit	nattklubb (m)	['nat,klʉb]
casino (m)	kasino (n)	[ka'sinʊ]
mosquée (f)	moské (m)	[mʊ'ske]
synagogue (f)	synagoge (m)	[syna'gʊgə]
cathédrale (f)	katedral (m)	[kate'dral]
temple (m)	tempel (n)	['tɛmpəl]
église (f)	kirke (m/f)	['çirkə]
institut (m)	institutt (n)	[insti'tʉt]
université (f)	universitet (n)	[ʉnivæsi'tet]
école (f)	skole (m/f)	['skʊlə]
préfecture (f)	prefektur (n)	[prɛfɛk'tʉr]
mairie (f)	rådhus (n)	['rod,hʉs]
hôtel (m)	hotell (n)	[hʊ'tɛl]
banque (f)	bank (m)	['bank]
ambassade (f)	ambassade (m)	[amba'sadə]
agence (f) de voyages	reisebyrå (n)	['ræjsə by,ro]
bureau (m) d'information	opplysningskontor (n)	[ɔp'lʏsniŋs kʊn'tʊr]
bureau (m) de change	vekslingskontor (n)	['vɛkʂliŋs kʊn'tʊr]
métro (m)	tunnelbane, T-bane (m)	['tʉnəl,banə], ['tɛ:,banə]
hôpital (m)	sykehus (n)	['sykə,hʉs]
station-service (f)	bensinstasjon (m)	[bɛn'sin,sta'ʂʊn]
parking (m)	parkeringsplass (m)	[par'keriŋs,plas]

30. Les enseignes. Les panneaux

enseigne (f)	skilt (n)	['ʂilt]
pancarte (f)	innskrift (m/f)	['in,skrift]
poster (m)	plakat, poster (m)	['pla,kat], ['pɔstər]
indicateur (m) de direction	veiviser (m)	['væj,visər]
flèche (f)	pil (m/f)	['pil]
avertissement (m)	advarsel (m)	['ad,vaʂəl]
panneau d'avertissement	varselskilt (n)	['vaʂəl,ʂilt]
avertir (vt)	å varsle	[ɔ 'vaʂlə]
jour (m) de repos	fridag (m)	['fri,da]
horaire (m)	rutetabell (m)	['rʉtə,ta'bɛl]
heures (f pl) d'ouverture	åpningstider (m/f pl)	['ɔpniŋs,tidər]
BIENVENUE!	VELKOMMEN!	['vɛl,komən]
ENTRÉE	INNGANG	['in,gaŋ]
SORTIE	UTGANG	['ʉt,gaŋ]
POUSSER	SKYV	['ʂyv]
TIRER	TREKK	['trɛk]

OUVERT	ÅPENT	['ɔpənt]
FERMÉ	STENGT	['stɛŋt]

FEMMES	DAMER	['damər]
HOMMES	HERRER	['hærər]

RABAIS	RABATT	[ra'bat]
SOLDES	SALG	['salg]
NOUVEAU!	NYTT!	['nʏt]
GRATUIT	GRATIS	['gratis]

ATTENTION!	FORSIKTIG!	[fʊ'ʂiktə]
COMPLET	INGEN LEDIGE ROM	['iŋən 'lediə rʊm]
RÉSERVÉ	RESERVERT	[resɛr'vɛːt]

ADMINISTRATION	ADMINISTRASJON	[administra'ʂʊn]
RÉSERVÉ AU PERSONNEL	KUN FOR ANSATTE	['kʉn fɔr an'satə]

ATTENTION CHIEN MÉCHANT	VOKT DEM FOR HUNDEN	['vɔkt dem fɔ 'hʉnən]
DÉFENSE DE FUMER	RØYKING FORBUDT	['røjkiŋ fɔr'bʉt]
PRIÈRE DE NE PAS TOUCHER	IKKE RØR!	['ikə 'rør]

DANGEREUX	FARLIG	['faːʎi]
DANGER	FARE	['farə]
HAUTE TENSION	HØYSPENNING	['høj,spɛniŋ]
BAIGNADE INTERDITE	BADING FORBUDT	['badiŋ fɔr'bʉt]
HORS SERVICE	I USTAND	[i 'ʉ,stan]

INFLAMMABLE	BRANNFARLIG	['bran,faːʎi]
INTERDIT	FORBUDT	[fɔr'bʉt]
PASSAGE INTERDIT	INGEN INNKJØRING	['iŋən 'in,çœriŋ]
PEINTURE FRAÎCHE	NYMALT	['ny,malt]

31. Le shopping

acheter (vt)	å kjøpe	[ɔ 'çœːpə]
achat (m)	innkjøp (n)	['in,çœp]
faire des achats	å gå shopping	[ɔ 'gɔ ,ʂɔpiŋ]
shopping (m)	shopping (m)	['ʂɔpiŋ]

être ouvert	å være åpen	[ɔ 'værə 'ɔpən]
être fermé	å være stengt	[ɔ 'værə 'stɛŋt]

chaussures (f pl)	skotøy (n)	['skʉtøj]
vêtement (m)	klær (n)	['klær]
produits (m pl) de beauté	kosmetikk (m)	[kʉsme'tik]
produits (m pl) alimentaires	matvarer (m/f pl)	['mat,varer]
cadeau (m)	gave (m/f)	['gavə]

vendeur (m)	forselger (m)	[fɔ'ʂɛlər]
vendeuse (f)	forselger (m)	[fɔ'ʂɛlər]
caisse (f)	kasse (m/f)	['kasə]

miroir (m)	speil (n)	['spæjl]
comptoir (m)	disk (m)	['disk]
cabine (f) d'essayage	prøverom (n)	['prøve̩rʊm]

essayer (robe, etc.)	å prøve	[ɔ 'prøvə]
aller bien (robe, etc.)	å passe	[ɔ 'pɑsə]
plaire (être apprécié)	å like	[ɔ 'likə]

prix (m)	pris (m)	['pris]
étiquette (f) de prix	prislapp (m)	['pris̩lɑp]
coûter (vt)	å koste	[ɔ 'kɔstə]
Combien?	Hvor mye?	[vʊr 'mye]
rabais (m)	rabatt (m)	[rɑ'bɑt]

pas cher (adj)	billig	['bili]
bon marché (adj)	billig	['bili]
cher (adj)	dyr	['dyr]
C'est cher	Det er dyrt	[de ær 'dy:t]

location (f)	utleie (m/f)	['ʉt̩læje]
louer (une voiture, etc.)	å leie	[ɔ 'læjə]
crédit (m)	kreditt (m)	[krɛ'dit]
à crédit (adv)	på kreditt	[pɔ krɛ'dit]

LES VÊTEMENTS & LES ACCESSOIRES

32. Les vêtements d'extérieur

vêtement (m)	klær (n)	['klær]
survêtement (m)	yttertøy (n)	['ytə‚tøj]
vêtement (m) d'hiver	vinterklær (n pl)	['vintər‚klær]
manteau (m)	frakk (m), kåpe (m/f)	['frɑk], ['koːpə]
manteau (m) de fourrure	pels (m), pelskåpe (m/f)	['pɛls], ['pɛls‚koːpə]
veste (f) de fourrure	pelsjakke (m/f)	['pɛls‚jakə]
manteau (m) de duvet	dunjakke (m/f)	['dʉn‚jakə]
veste (f) (~ en cuir)	jakke (m/f)	['jakə]
imperméable (m)	regnfrakk (m)	['ræjn‚frɑk]
imperméable (adj)	vanntett	['vɑn‚tɛt]

33. Les vêtements

chemise (f)	skjorte (m/f)	['ʂœːʈə]
pantalon (m)	bukse (m)	['bʉksə]
jean (m)	jeans (m)	['dʒins]
veston (m)	dressjakke (m/f)	['drɛs‚jakə]
complet (m)	dress (m)	['drɛs]
robe (f)	kjole (m)	['çulə]
jupe (f)	skjørt (n)	['ʂøːt]
chemisette (f)	bluse (m)	['blʉsə]
veste (f) en laine	strikket trøye (m/f)	['strikə 'trøjə]
jaquette (f), blazer (m)	blazer (m)	['blæsər]
tee-shirt (m)	T-skjorte (m/f)	['te‚ʂœːʈə]
short (m)	shorts (m)	['ʂɔːʈs]
costume (m) de sport	treningsdrakt (m/f)	['treniŋs‚drɑkt]
peignoir (m) de bain	badekåpe (m/f)	['badə‚koːpə]
pyjama (m)	pyjamas (m)	[py'ʂɑmɑs]
chandail (m)	sweater (m)	['svɛtər]
pull-over (m)	pullover (m)	[pʉ'lovər]
gilet (m)	vest (m)	['vɛst]
queue-de-pie (f)	livkjole (m)	['liv‚çulə]
smoking (m)	smoking (m)	['smɔkiŋ]
uniforme (m)	uniform (m)	[ʉni'fɔrm]
tenue (f) de travail	arbeidsklær (n pl)	['ɑrbæjds‚klær]
salopette (f)	kjeledress, overall (m)	['çelə‚drɛs], ['ovɛr‚ɔl]
blouse (f) (d'un médecin)	kittel (m)	['çitəl]

34. Les sous-vêtements

sous-vêtements (m pl)	undertøy (n)	['ʉnəˌtøj]
boxer (m)	underbukse (m/f)	['ʉnərˌbʉksə]
slip (m) de femme	truse (m/f)	['trʉsə]
maillot (m) de corps	undertrøye (m/f)	['ʉnəˌtrøjə]
chaussettes (f pl)	sokker (m pl)	['sɔkər]
chemise (f) de nuit	nattkjole (m)	['natˌçulə]
soutien-gorge (m)	behå (m)	['beˌhɔ]
chaussettes (f pl) hautes	knestrømper (m/f pl)	['knɛˌstrømpər]
collants (m pl)	strømpebukse (m/f)	['strømpəˌbʉksə]
bas (m pl)	strømper (m/f pl)	['strømpər]
maillot (m) de bain	badedrakt (m/f)	['badəˌdrakt]

35. Les chapeaux

chapeau (m)	hatt (m)	['hat]
chapeau (m) feutre	hatt (m)	['hat]
casquette (f) de base-ball	baseball cap (m)	['bɛjsbɔl kɛp]
casquette (f)	sikspens (m)	['sikspens]
béret (m)	alpelue, baskerlue (m/f)	['alpəˌlʉə], ['baskəˌlʉə]
capuche (f)	hette (m/f)	['hɛtə]
panama (m)	panamahatt (m)	['panamaˌhat]
bonnet (m) de laine	strikket lue (m/f)	['strikəˌlʉə]
foulard (m)	skaut (n)	['skaʉt]
chapeau (m) de femme	hatt (m)	['hat]
casque (m) (d'ouvriers)	hjelm (m)	['jɛlm]
calot (m)	båtlue (m/f)	['bɔtˌlʉə]
casque (m) (~ de moto)	hjelm (m)	['jɛlm]
melon (m)	bowlerhatt, skalk (m)	['bɔulerˌhat], ['skalk]
haut-de-forme (m)	flosshatt (m)	['flɔsˌhat]

36. Les chaussures

chaussures (f pl)	skotøy (n)	['skʉtøj]
bottines (f pl)	skor (m pl)	['skʉr]
souliers (m pl) (~ plats)	pumps (m pl)	['pʉmps]
bottes (f pl)	støvler (m pl)	['støvlər]
chaussons (m pl)	tøfler (m pl)	['tøflər]
tennis (m pl)	tennissko (m pl)	['tɛnisˌskʉ]
baskets (f pl)	canvas sko (m pl)	['kanvas ˌskʉ]
sandales (f pl)	sandaler (m pl)	[san'dalər]
cordonnier (m)	skomaker (m)	['skʉˌmakər]
talon (m)	hæl (m)	['hæl]

paire (f)	par (n)	['par]
lacet (m)	skolisse (m/f)	['skʉˌlisə]
lacer (vt)	å snøre	[ɔ 'snørə]
chausse-pied (m)	skohorn (n)	['skʉˌhuːn]
cirage (m)	skokrem (m)	['skʉˌkrɛm]

37. Les accessoires personnels

gants (m pl)	hansker (m pl)	['hanskər]
moufles (f pl)	votter (m pl)	['vɔtər]
écharpe (f)	skjerf (n)	['ʂærf]

lunettes (f pl)	briller (m pl)	['brilər]
monture (f)	innfatning (m/f)	['inˌfatniŋ]
parapluie (m)	paraply (m)	[paraˈply]
canne (f)	stokk (m)	['stɔk]
brosse (f) à cheveux	hårbørste (m)	['hɔrˌbœʂtə]
éventail (m)	vifte (m/f)	['viftə]

cravate (f)	slips (n)	['slips]
nœud papillon (m)	sløyfe (m/f)	['ʂløjfə]
bretelles (f pl)	bukseseler (m pl)	['bʉksəˈselər]
mouchoir (m)	lommetørkle (n)	['lʉməˌtœrklə]

peigne (m)	kam (m)	['kam]
barrette (f)	hårspenne (m/f/n)	['hoːrˌspɛnə]
épingle (f) à cheveux	hårnål (m/f)	['hoːrˌnɔl]
boucle (f)	spenne (m/f/n)	['spɛnə]

| ceinture (f) | belte (m) | ['bɛltə] |
| bandoulière (f) | skulderreim, rem (m/f) | ['skʉldəˌræjm], ['rem] |

sac (m)	veske (m/f)	['vɛskə]
sac (m) à main	håndveske (m/f)	['hɔnˌvɛskə]
sac (m) à dos	ryggsekk (m)	['rʏɡˌsɛk]

38. Les vêtements. Divers

mode (f)	mote (m)	['mʉtə]
à la mode (adj)	moteriktig	['mʉtəˌrikti]
couturier, créateur de mode	moteskaper (m)	['mʉtəˌskapər]

col (m)	krage (m)	['kragə]
poche (f)	lomme (m/f)	['lʉmə]
de poche (adj)	lomme-	['lʉmə-]
manche (f)	erme (n)	['ærmə]
bride (f)	hempe (m)	['hɛmpə]
braguette (f)	gylf, buksesmekk (m)	['gylf], ['bʉksəˌsmɛk]

fermeture (f) à glissière	glidelås (m/n)	['glidəˌlɔs]
agrafe (f)	hekte (m/f), knepping (m)	['hɛktə], ['knɛpiŋ]
bouton (m)	knapp (m)	['knap]

boutonnière (f)	klapphull (n)	['klɑpˌhʉl]
s'arracher (bouton)	å falle av	[ɔ 'falə ɑ:]
coudre (vi, vt)	å sy	[ɔ 'sy]
broder (vt)	å brodere	[ɔ brʉ'derə]
broderie (f)	broderi (n)	[brʉde'ri]
aiguille (f)	synål (m/f)	['syˌnɔl]
fil (m)	tråd (m)	['trɔ]
couture (f)	søm (m)	['søm]
se salir (vp)	å skitne seg til	[ɔ 'ʂitnə sæj til]
tache (f)	flekk (m)	['flek]
se froisser (vp)	å bli skrukkete	[ɔ 'bli 'skrʉketə]
déchirer (vt)	å rive	[ɔ 'rivə]
mite (f)	møll (m/n)	['møl]

39. L'hygiène corporelle. Les cosmétiques

dentifrice (m)	tannpasta (m)	['tanˌpasta]
brosse (f) à dents	tannbørste (m)	['tanˌbœʂtə]
se brosser les dents	å pusse tennene	[ɔ 'pʉsə 'tɛnənə]
rasoir (m)	høvel (m)	['høvəl]
crème (f) à raser	barberkrem (m)	[bar'bɛrˌkrɛm]
se raser (vp)	å barbere seg	[ɔ bar'berə sæj]
savon (m)	såpe (m/f)	['so:pə]
shampooing (m)	sjampo (m)	['ʂamˌpʉ]
ciseaux (m pl)	saks (m/f)	['saks]
lime (f) à ongles	neglefil (m/f)	['nɛjləˌfil]
pinces (f pl) à ongles	negleklipper (m)	['nɛjləˌkliper]
pince (f) à épiler	pinsett (m)	[pin'sɛt]
produits (m pl) de beauté	kosmetikk (m)	[kʉsme'tik]
masque (m) de beauté	ansiktsmaske (m/f)	['ansiktsˌmaskə]
manucure (f)	manikyr (m)	[mani'kyr]
se faire les ongles	å få manikyr	[ɔ 'fɔ mani'kyr]
pédicurie (f)	pedikyr (m)	[pedi'kyr]
trousse (f) de toilette	sminkeveske (m/f)	['sminkəˌvɛskə]
poudre (f)	pudder (n)	['pʉdər]
poudrier (m)	pudderdåse (m)	['pʉdərˌdo:sə]
fard (m) à joues	rouge (m)	['ru:ʂ]
parfum (m)	parfyme (m)	[par'fymə]
eau (f) de toilette	eau de toilette (m)	['ɔ: də twa'let]
lotion (f)	lotion (m)	['loʉsɛn]
eau de Cologne (f)	eau de cologne (m)	['ɔ: də kɔ'lɔŋ]
fard (m) à paupières	øyeskygge (m)	['øjəˌsygə]
crayon (m) à paupières	eyeliner (m)	['a:jˌlajnər]
mascara (m)	maskara (m)	[ma'skara]
rouge (m) à lèvres	leppestift (m)	['lepəˌstift]

vernis (m) à ongles	neglelakk (m)	['nɛjlə‚lak]
laque (f) pour les cheveux	hårlakk (m)	['ho:r‚lak]
déodorant (m)	deodorant (m)	[deudʉ'rant]

crème (f)	krem (m)	['krɛm]
crème (f) pour le visage	ansiktskrem (m)	['ansikts‚krɛm]
crème (f) pour les mains	håndkrem (m)	['hɔn‚krɛm]
crème (f) anti-rides	antirynkekrem (m)	[anti'rʏnkə‚krɛm]
crème (f) de jour	dagkrem (m)	['dag‚krɛm]
crème (f) de nuit	nattkrem (m)	['nat‚krɛm]
de jour (adj)	dag-	['dag-]
de nuit (adj)	natt-	['nat-]

tampon (m)	tampong (m)	[tam'pɔŋ]
papier (m) de toilette	toalettpapir (n)	[tʊa'let pa'pir]
sèche-cheveux (m)	hårføner (m)	['ho:r‚fønər]

40. Les montres. Les horloges

montre (f)	armbåndsur (n)	['armbɔns‚ʉr]
cadran (m)	urskive (m/f)	['ʉ:‚ʂivə]
aiguille (f)	viser (m)	['visər]
bracelet (m)	armbånd (n)	['arm‚bɔn]
bracelet (m) (en cuir)	rem (m/f)	['rem]

pile (f)	batteri (n)	[batɛ'ri]
être déchargé	å bli utladet	[ɔ 'bli 'ʉt‚ladət]
changer de pile	å skifte batteriene	[ɔ 'ʂifte batɛ'riene]
avancer (vi)	å gå for fort	[ɔ 'gɔ fɔ 'fɔ:t]
retarder (vi)	å gå for sakte	[ɔ 'gɔ fɔ 'saktə]

pendule (f)	veggur (n)	['vɛg‚ʉr]
sablier (m)	timeglass (n)	['timə‚glas]
cadran (m) solaire	solur (n)	['sʊl‚ʉr]
réveil (m)	vekkerklokka (m/f)	['vɛkər‚klɔka]
horloger (m)	urmaker (m)	['ʉr‚makər]
réparer (vt)	å reparere	[ɔ repa'rerə]

L'EXPÉRIENCE QUOTIDIENNE

41. L'argent

argent (m)	penger (m pl)	['pɛŋər]
échange (m)	veksling (m/f)	['vɛkʂliŋ]
cours (m) de change	kurs (m)	['kuʂ]
distributeur (m)	minibank (m)	['mini̯bank]
monnaie (f)	mynt (m)	['mʏnt]
dollar (m)	dollar (m)	['dɔlar]
euro (m)	euro (m)	['ɛʉrʊ]
lire (f)	lira (m)	['lire]
mark (m) allemand	mark (m/f)	['mark]
franc (m)	franc (m)	['frɑn]
livre sterling (f)	pund sterling (m)	['pʉn stɛːˈliŋ]
yen (m)	yen (m)	['jɛn]
dette (f)	skyld (m/f), gjeld (m)	['ʂʏl], ['jɛl]
débiteur (m)	skyldner (m)	['ʂʏlnər]
prêter (vt)	å låne ut	[ɔ 'loːnə ʉt]
emprunter (vt)	å låne	[ɔ 'loːnə]
banque (f)	bank (m)	['bank]
compte (m)	konto (m)	['kɔntʊ]
verser (dans le compte)	å sette inn	[ɔ 'sɛtə in]
verser dans le compte	å sette inn på kontoen	[ɔ 'sɛtə in pɔ 'kɔntʊən]
retirer du compte	å ta ut fra kontoen	[ɔ 'ta ʉt fra 'kɔntʊən]
carte (f) de crédit	kredittkort (n)	[krɛ'dit̯kɔːt]
espèces (f pl)	kontanter (m pl)	[kʉn'tantər]
chèque (m)	sjekk (m)	['ʂɛk]
faire un chèque	å skrive en sjekk	[ɔ 'skrive en 'ʂɛk]
chéquier (m)	sjekkbok (m/f)	['ʂɛk̯bʊk]
portefeuille (m)	lommebok (m)	['lʊmə̯bʊk]
bourse (f)	pung (m)	['pʉŋ]
coffre fort (m)	safe, seif (m)	['sɛjf]
héritier (m)	arving (m)	['arviŋ]
héritage (m)	arv (m)	['arv]
fortune (f)	formue (m)	['fɔr̯mʉə]
location (f)	leie (m)	['læje]
loyer (m) (argent)	husleie (m/f)	['hʉs̯læje]
louer (prendre en location)	å leie	[ɔ 'læje]
prix (m)	pris (m)	['pris]
coût (m)	kostnad (m)	['kɔstnad]

somme (f)	sum (m)	['sʉm]
dépenser (vt)	å bruke	[ɔ 'brʉkə]
dépenses (f pl)	utgifter (m/f pl)	['ʉtjiftər]
économiser (vt)	å spare	[ɔ 'sparə]
économe (adj)	sparsom	['spaʂɔm]

payer (régler)	å betale	[ɔ be'talə]
paiement (m)	betaling (m/f)	[be'taliŋ]
monnaie (f) (rendre la ~)	vekslepenger (pl)	['vɛkʂlə,pɛŋər]

impôt (m)	skatt (m)	['skat]
amende (f)	bot (m/f)	['bʉt]
mettre une amende	å bøtelegge	[ɔ 'bøtə,legə]

42. La poste. Les services postaux

poste (f)	post (m)	['pɔst]
courrier (m) (lettres, etc.)	post (m)	['pɔst]
facteur (m)	postbud (n)	['pɔst,bʉd]
heures (f pl) d'ouverture	åpningstider (m/f pl)	['ɔpniŋs,tidər]

lettre (f)	brev (n)	['brev]
recommandé (m)	rekommandert brev (n)	[rekʉman'dɛ:ʈ ,brev]
carte (f) postale	postkort (n)	['pɔst,kɔ:ʈ]
télégramme (m)	telegram (n)	[tele'gram]
colis (m)	postpakke (m/f)	['pɔst,pakə]
mandat (m) postal	pengeoverføring (m/f)	['pɛŋe 'ɔvər,føriŋ]

recevoir (vt)	å motta	[ɔ 'mɔta]
envoyer (vt)	å sende	[ɔ 'sɛnə]
envoi (m)	avsending (m)	['af,sɛniŋ]
adresse (f)	adresse (m)	[a'drɛsə]
code (m) postal	postnummer (n)	['pɔst,nʉmər]
expéditeur (m)	avsender (m)	['af,sɛnər]
destinataire (m)	mottaker (m)	['mɔt,takər]

prénom (m)	fornavn (n)	['for,navn]
nom (m) de famille	etternavn (n)	['ɛtə,ŋavn]
tarif (m)	tariff (m)	[ta'rif]
normal (adj)	vanlig	['vanli]
économique (adj)	økonomisk	[økʉ'nɔmisk]

poids (m)	vekt (m)	['vɛkt]
peser (~ les lettres)	å veie	[ɔ 'væjə]
enveloppe (f)	konvolutt (m)	[kʉnvʉ'lʉt]
timbre (m)	frimerke (n)	['fri,mærkə]
timbrer (vt)	å sette på frimerke	[ɔ 'sɛtə pɔ 'fri,mærkə]

43. Les opérations bancaires

| banque (f) | bank (m) | ['bank] |
| agence (f) bancaire | avdeling (m) | ['av,deliŋ] |

| conseiller (m) | konsulent (m) | [kʊnsʉ'lent] |
| gérant (m) | forstander (m) | [fɔ'ʂtandər] |

compte (m)	bankkonto (m)	['bank,kɔntʊ]
numéro (m) du compte	kontonummer (n)	['kɔntʊ,nʉmər]
compte (m) courant	sjekkonto (m)	['ʂɛk,kɔntʊ]
compte (m) sur livret	sparekonto (m)	['spɑrə,kɔntʊ]

ouvrir un compte	å åpne en konto	[ɔ 'ɔpnə en 'kɔntʊ]
clôturer le compte	å lukke kontoen	[ɔ 'lʉkə 'kɔntʊən]
verser dans le compte	å sette inn på kontoen	[ɔ 'sɛtə in pɔ 'kɔntʊən]
retirer du compte	å ta ut fra kontoen	[ɔ 'tɑ ʉt frɑ 'kɔntʊən]

dépôt (m)	innskudd (n)	['in,skʉd]
faire un dépôt	å sette inn	[ɔ 'sɛtə in]
virement (m) bancaire	overføring (m/f)	['ɔvər,føriŋ]
faire un transfert	å overføre	[ɔ 'ɔvər,førə]

| somme (f) | sum (m) | ['sʉm] |
| Combien? | Hvor mye? | [vʊr 'mye] |

| signature (f) | underskrift (m/f) | ['ʉnə,ʂkrift] |
| signer (vt) | å underskrive | [ɔ 'ʉnə,ʂkrivə] |

carte (f) de crédit	kredittkort (n)	[krɛ'dit,kɔ:ʈ]
code (m)	kode (m)	['kʊdə]
numéro (m) de carte de crédit	kreditkortnummer (n)	[krɛ'dit,kɔ:ʈ 'nʉmər]
distributeur (m)	minibank (m)	['mini,bank]

chèque (m)	sjekk (m)	['ʂɛk]
faire un chèque	å skrive en sjekk	[ɔ 'skrivə en 'ʂɛk]
chéquier (m)	sjekkbok (m/f)	['ʂɛk,bʊk]

crédit (m)	lån (n)	['lɔn]
demander un crédit	å søke om lån	[ɔ ,søkə ɔm 'lɔn]
prendre un crédit	å få lån	[ɔ 'fɔ 'lɔn]
accorder un crédit	å gi lån	[ɔ 'ji 'lɔn]
gage (m)	garanti (m)	[gɑrɑn'ti]

44. Le téléphone. La conversation téléphonique

téléphone (m)	telefon (m)	[tele'fʊn]
portable (m)	mobiltelefon (m)	[mʊ'bil tele'fʊn]
répondeur (m)	telefonsvarer (m)	[tele'fʊn,svɑrər]

| téléphoner, appeler | å ringe | [ɔ 'riŋə] |
| appel (m) | telefonsamtale (m) | [tele'fʊn 'sɑm,tɑle] |

composer le numéro	å slå et nummer	[ɔ 'ʂlɔ et 'nʉmər]
Allô!	Hallo!	[hɑ'lʊ]
demander (~ l'heure)	å spørre	[ɔ 'spørə]
répondre (vi, vt)	å svare	[ɔ 'svɑrə]
entendre (bruit, etc.)	å høre	[ɔ 'hørə]
bien (adv)	godt	['gɔt]

| mal (adv) | dårlig | ['do:[i] |
| bruits (m pl) | støy (m) | ['støj] |

récepteur (m)	telefonrør (n)	[tele'fʊnˌrør]
décrocher (vt)	å ta telefonen	[ɔ 'ta tele'fʊnən]
raccrocher (vi)	å legge på røret	[ɔ 'lеgə pɔ 'rørе]

occupé (adj)	opptatt	['ɔpˌtat]
sonner (vi)	å ringe	[ɔ 'riŋə]
carnet (m) de téléphone	telefonkatalog (m)	[tele'fʊn kata'lɔg]

local (adj)	lokal-	[lɔ'kal-]
appel (m) local	lokalsamtale (m)	[lɔ'kal 'samˌtalə]
interurbain (adj)	riks-	['riks-]
appel (m) interurbain	rikssamtale (m)	['riks 'samˌtalə]
international (adj)	internasjonal	['intɛ:ɳɑʂʊˌnal]
appel (m) international	internasjonal samtale (m)	['intɛ:ɳɑʂʊˌnal 'samˌtalə]

45. Le téléphone portable

portable (m)	mobiltelefon (m)	[mʊ'bil tele'fʊn]
écran (m)	skjerm (m)	['ʂærm]
bouton (m)	knapp (m)	['knap]
carte SIM (f)	SIM-kort (n)	['simˌkɔ:t]

pile (f)	batteri (n)	[batɛ'ri]
être déchargé	å bli utladet	[ɔ 'bli 'ʉtˌladət]
chargeur (m)	lader (m)	['ladər]

menu (m)	meny (m)	[me'ny]
réglages (m pl)	innstillinger (m/f pl)	['inˌstiliŋər]
mélodie (f)	melodi (m)	[melɔ'di]
sélectionner (vt)	å velge	[ɔ 'vɛlgə]

calculatrice (f)	regnemaskin (m)	['rɛjnə maˌʂin]
répondeur (m)	telefonsvarer (m)	[tele'fʊnˌsvarər]
réveil (m)	vekkerklokka (m/f)	['vɛkərˌklɔka]
contacts (m pl)	kontakter (m pl)	[kʊn'taktər]

| SMS (m) | SMS-beskjed (m) | [ɛsɛm'ɛs bɛˌʂɛ] |
| abonné (m) | abonnent (m) | [abɔ'nɛnt] |

46. La papeterie

| stylo (m) à bille | kulepenn (m) | ['kʉ:ləˌpɛn] |
| stylo (m) à plume | fyllepenn (m) | ['fʏləˌpɛn] |

crayon (m)	blyant (m)	['blyˌant]
marqueur (m)	merkepenn (m)	['mærkəˌpɛn]
feutre (m)	tusjpenn (m)	['tʉʂˌpɛn]
bloc-notes (m)	notatbok (m/f)	[nʊ'tatˌbʊk]
agenda (m)	dagbok (m/f)	['dagˌbʊk]

règle (f)	**linjal** (m)	[li'njal]
calculatrice (f)	**regnemaskin** (m)	['rɛjnə ma,ʂin]
gomme (f)	**viskelær** (n)	['viskə,lær]
punaise (f)	**tegnestift** (m)	['tæjnə,stift]
trombone (m)	**binders** (m)	['bindɛʂ]
colle (f)	**lim** (n)	['lim]
agrafeuse (f)	**stiftemaskin** (m)	['stiftə ma,ʂin]
perforateur (m)	**hullemaskin** (m)	['hʉlə ma,ʂin]
taille-crayon (m)	**blyantspisser** (m)	['blyant,spisər]

47. Les langues étrangères

langue (f)	**språk** (n)	['sprɔk]
étranger (adj)	**fremmed-**	['fremə-]
langue (f) étrangère	**fremmedspråk** (n)	['fremed,sprɔk]
étudier (vt)	**å studere**	[ɔ stʉ'derə]
apprendre (~ l'arabe)	**å lære**	[ɔ 'lærə]
lire (vi, vt)	**å lese**	[ɔ 'lesə]
parler (vi, vt)	**å tale**	[ɔ 'talə]
comprendre (vt)	**å forstå**	[ɔ fo'ʂtɔ]
écrire (vt)	**å skrive**	[ɔ 'skrivə]
vite (adv)	**fort**	['fʊːt]
lentement (adv)	**langsomt**	['laŋsomt]
couramment (adv)	**flytende**	['flytnə]
règles (f pl)	**regler** (m pl)	['rɛglər]
grammaire (f)	**grammatikk** (m)	[grama'tik]
vocabulaire (m)	**ordforråd** (n)	['uːrfʊ,rɔd]
phonétique (f)	**fonetikk** (m)	[fʊne'tik]
manuel (m)	**lærebok** (m/f)	['lærə,bʊk]
dictionnaire (m)	**ordbok** (m/f)	['uːr,bʊk]
manuel (m) autodidacte	**lærebok** (m/f) **for selvstudium**	['lærə,bʊk fɔ 'sel,stʉdium]
guide (m) de conversation	**parlør** (m)	[pɑ:'lør]
cassette (f)	**kassett** (m)	[ka'sɛt]
cassette (f) vidéo	**videokassett** (m)	['videʊ ka'sɛt]
CD (m)	**CD-rom** (m)	['sɛdɛ,rʊm]
DVD (m)	**DVD** (m)	[deve'de]
alphabet (m)	**alfabet** (n)	[alfa'bet]
épeler (vt)	**å stave**	[ɔ 'stavə]
prononciation (f)	**uttale** (m)	['ʉt,talə]
accent (m)	**aksent** (m)	[ak'saŋ]
avec un accent	**med aksent**	[me ak'saŋ]
sans accent	**uten aksent**	['ʉtən ak'saŋ]
mot (m)	**ord** (n)	['uːr]
sens (m)	**betydning** (m)	[be'tʏdniŋ]

cours (m pl)	kurs (n)	['kʉʂ]
s'inscrire (vp)	å anmelde seg	[ɔ 'ɑnˌmɛlə sæj]
professeur (m) (~ d'anglais)	lærer (m)	['lærər]

traduction (f) (action)	oversettelse (m)	['ɔvəˌʂɛtəlsə]
traduction (f) (texte)	oversettelse (m)	['ɔvəˌʂɛtəlsə]
traducteur (m)	oversetter (m)	['ɔvəˌʂɛtər]
interprète (m)	tolk (m)	['tɔlk]

| polyglotte (m) | polyglott (m) | [pʊlʏ'glɔt] |
| mémoire (f) | minne (n), hukommelse (m) | ['minə], [hʉ'kɔməlsə] |

LES REPAS. LE RESTAURANT

48. Le dressage de la table

cuillère (f)	skje (m)	['ʂe]
couteau (m)	kniv (m)	['kniv]
fourchette (f)	gaffel (m)	['gɑfəl]
tasse (f)	kopp (m)	['kɔp]
assiette (f)	tallerken (m)	[tɑ'lærkən]
soucoupe (f)	tefat (n)	['te͵fɑt]
serviette (f)	serviett (m)	[sɛrvi'ɛt]
cure-dent (m)	tannpirker (m)	['tɑn͵pirkər]

49. Le restaurant

restaurant (m)	restaurant (m)	[rɛstʊ'rɑn]
salon (m) de café	kafé, kaffebar (m)	[kɑ'fe], ['kɑfə͵bɑr]
bar (m)	bar (m)	['bɑr]
salon (m) de thé	tesalong (m)	['tesɑ͵lɔŋ]
serveur (m)	servitør (m)	['særvi'tør]
serveuse (f)	servitrise (m/f)	[særvi'trisə]
barman (m)	bartender (m)	['bɑ:͵tɛndər]
carte (f)	meny (m)	[me'ny]
carte (f) des vins	vinkart (n)	['vin͵kɑ:t]
réserver une table	å reservere bord	[ɔ rɛsɛr'verə 'bʊr]
plat (m)	rett (m)	['rɛt]
commander (vt)	å bestille	[ɔ be'stilə]
faire la commande	å bestille	[ɔ be'stilə]
apéritif (m)	aperitiff (m)	[ɑperi'tif]
hors-d'œuvre (m)	forrett (m)	['fɔrɛt]
dessert (m)	dessert (m)	[de'sɛ:r]
addition (f)	regning (m/f)	['rɛjniŋ]
régler l'addition	å betale regningen	[ɔ be'talə 'rɛjniŋən]
rendre la monnaie	å gi tilbake veksel	[ɔ ji til'bɑkə 'vɛksəl]
pourboire (m)	driks (m)	['driks]

50. Les repas

nourriture (f)	mat (m)	['mɑt]
manger (vi, vt)	å spise	[ɔ 'spisə]

petit déjeuner (m)	frokost (m)	['frʊkɔst]
prendre le petit déjeuner	à spise frokost	[ɔ 'spisə ˌfrʊkɔst]
déjeuner (m)	lunsj, lunch (m)	['lʉnʂ]
déjeuner (vi)	à spise lunsj	[ɔ 'spisə ˌlʉnʂ]
dîner (m)	middag (m)	['miˌda]
dîner (vi)	à spise middag	[ɔ 'spisə 'miˌda]
appétit (m)	appetitt (m)	[ape'tit]
Bon appétit!	God appetitt!	['gʊ ape'tit]
ouvrir (vt)	à åpne	[ɔ 'ɔpnə]
renverser (liquide)	à spille	[ɔ 'spilə]
se renverser (liquide)	à bli spilt	[ɔ 'bli 'spilt]
bouillir (vi)	à koke	[ɔ 'kʊkə]
faire bouillir	à koke	[ɔ 'kʊkə]
bouilli (l'eau ~e)	kokt	['kʊkt]
refroidir (vt)	à svalne	[ɔ 'svalnə]
se refroidir (vp)	à avkjøles	[ɔ 'avˌçœləs]
goût (m)	smak (m)	['smak]
arrière-goût (m)	bismak (m)	['bismak]
suivre un régime	à være på diet	[ɔ 'værə pɔ di'et]
régime (m)	diett (m)	[di'et]
vitamine (f)	vitamin (n)	[vita'min]
calorie (f)	kalori (m)	[kalʊ'ri]
végétarien (m)	vegetarianer (m)	[vegetari'anər]
végétarien (adj)	vegetarisk	[vege'tarisk]
lipides (m pl)	fett (n)	['fɛt]
protéines (f pl)	proteiner (n pl)	[prɔte'inər]
glucides (m pl)	kullhydrater (n pl)	['kʉlhyˌdratər]
tranche (f)	skive (m/f)	['ʂivə]
morceau (m)	stykke (n)	['stʏkə]
miette (f)	smule (m)	['smʉlə]

51. Les plats cuisinés

plat (m)	rett (m)	['rɛt]
cuisine (f)	kjøkken (n)	['çœkən]
recette (f)	oppskrift (m)	['ɔpˌskrift]
portion (f)	porsjon (m)	[pɔ'ʂʊn]
salade (f)	salat (m)	[sa'lat]
soupe (f)	suppe (m/f)	['sʉpə]
bouillon (m)	buljong (m)	[bu'ljɔn]
sandwich (m)	smørbrød (n)	['smørˌbrø]
les œufs brouillés	speilegg (n)	['spæjlˌɛg]
hamburger (m)	hamburger (m)	['hambʊrgər]
steak (m)	biff (m)	['bif]
garniture (f)	tilbehør (n)	['tilbeˌhør]

spaghettis (m pl)	**spagetti** (m)	[spɑ'ɡɛti]
purée (f)	**potetmos** (m)	[pʊ'tet‚mʊs]
pizza (f)	**pizza** (m)	['pitsɑ]
bouillie (f)	**grøt** (m)	['ɡrøt]
omelette (f)	**omelett** (m)	[ɔmə'let]
cuit à l'eau (adj)	**kokt**	['kʊkt]
fumé (adj)	**røkt**	['røkt]
frit (adj)	**stekt**	['stɛkt]
sec (adj)	**tørket**	['tœrkət]
congelé (adj)	**frossen, dypfryst**	['frɔsən], ['dyp‚frʏst]
mariné (adj)	**syltet**	['sʏltət]
sucré (adj)	**søt**	['søt]
salé (adj)	**salt**	['sɑlt]
froid (adj)	**kald**	['kɑl]
chaud (adj)	**het, varm**	['het], ['vɑrm]
amer (adj)	**bitter**	['bitər]
bon (savoureux)	**lekker**	['lekər]
cuire à l'eau	**å koke**	[ɔ 'kʊkə]
préparer (le dîner)	**å lage**	[ɔ 'lɑɡə]
faire frire	**å steke**	[ɔ 'stekə]
réchauffer (vt)	**å varme opp**	[ɔ 'vɑrmə ɔp]
saler (vt)	**å salte**	[ɔ 'sɑltə]
poivrer (vt)	**å pepre**	[ɔ 'pɛprə]
râper (vt)	**å rive**	[ɔ 'rivə]
peau (f)	**skall** (n)	['skɑl]
éplucher (vt)	**å skrelle**	[ɔ 'skrɛlə]

52. Les aliments

viande (f)	**kjøtt** (n)	['çœt]
poulet (m)	**høne** (m/f)	['hønə]
poulet (m) (poussin)	**kylling** (m)	['çyliŋ]
canard (m)	**and** (m/f)	['ɑn]
oie (f)	**gås** (m/f)	['ɡɔs]
gibier (m)	**vilt** (n)	['vilt]
dinde (f)	**kalkun** (m)	[kɑl'kʉn]
du porc	**svinekjøtt** (n)	['svinə‚çœt]
du veau	**kalvekjøtt** (n)	['kɑlvə‚çœt]
du mouton	**fårekjøtt** (n)	['foːrə‚çœt]
du bœuf	**oksekjøtt** (n)	['ɔksə‚çœt]
lapin (m)	**kanin** (m)	[kɑ'nin]
saucisson (m)	**pølse** (m/f)	['pølsə]
saucisse (f)	**wienerpølse** (m/f)	['vinər‚pølsə]
bacon (m)	**bacon** (n)	['bɛjkən]
jambon (m)	**skinke** (m)	['ʂinkə]
cuisse (f)	**skinke** (m)	['ʂinkə]
pâté (m)	**pate, paté** (m)	[pɑ'te]
foie (m)	**lever** (m)	['levər]

farce (f)	kjøttfarse (m)	['çœt,farʂə]
langue (f)	tunge (m/f)	['tʉŋə]
œuf (m)	egg (n)	['ɛg]
les œufs	egg (n pl)	['ɛg]
blanc (m) d'œuf	eggehvite (m)	['ɛgə,vitə]
jaune (m) d'œuf	plomme (m/f)	['plʊmə]
poisson (m)	fisk (m)	['fisk]
fruits (m pl) de mer	sjømat (m)	['sø,mat]
crustacés (m pl)	krepsdyr (n pl)	['krɛps,dyr]
caviar (m)	kaviar (m)	['kavi,ar]
crabe (m)	krabbe (m)	['krabə]
crevette (f)	reke (m/f)	['rekə]
huître (f)	østers (m)	['østəʂ]
langoustine (f)	langust (m)	[laŋ'gʉst]
poulpe (m)	blekksprut (m)	['blek,sprʉt]
calamar (m)	blekksprut (m)	['blek,sprʉt]
esturgeon (m)	stør (m)	['stør]
saumon (m)	laks (m)	['laks]
flétan (m)	kveite (m/f)	['kvæjtə]
morue (f)	torsk (m)	['tɔʂk]
maquereau (m)	makrell (m)	[ma'krɛl]
thon (m)	tunfisk (m)	['tʉn,fisk]
anguille (f)	ål (m)	['ɔl]
truite (f)	ørret (m)	['øret]
sardine (f)	sardin (m)	[sɑ:'ɖin]
brochet (m)	gjedde (m/f)	['jɛdə]
hareng (m)	sild (m/f)	['sil]
pain (m)	brød (n)	['brø]
fromage (m)	ost (m)	['ʊst]
sucre (m)	sukker (n)	['sʉkər]
sel (m)	salt (n)	['salt]
riz (m)	ris (m)	['ris]
pâtes (m pl)	pasta, makaroni (m)	['pasta], [maka'rʊni]
nouilles (f pl)	nudler (m pl)	['nʉdlər]
beurre (m)	smør (n)	['smør]
huile (f) végétale	vegetabilsk olje (m)	[vegeta'bilsk ,ɔljə]
huile (f) de tournesol	solsikkeolje (m)	['sʊlsikə,ɔljə]
margarine (f)	margarin (m)	[marga'rin]
olives (f pl)	olivener (m pl)	[ʊ'livenər]
huile (f) d'olive	olivenolje (m)	[ʊ'livən,ɔljə]
lait (m)	melk (m/f)	['mɛlk]
lait (m) condensé	kondensert melk (m/f)	[kʊndən'se:ʈ ,mɛlk]
yogourt (m)	jogurt (m)	['jʊgʉ:ʈ]
crème (f) aigre	rømme, syrnet fløte (m)	['rœmə], ['sy:net 'fløtə]
crème (f) (de lait)	fløte (m)	['fløtə]

| sauce (f) mayonnaise | majones (m) | [majo'nɛs] |
| crème (f) au beurre | krem (m) | ['krɛm] |

gruau (m)	gryn (n)	['gryn]
farine (f)	mel (n)	['mel]
conserves (f pl)	hermetikk (m)	[hɛrme'tik]

pétales (m pl) de maïs	cornflakes (m)	['kɔːɳflejks]
miel (m)	honning (m)	['hɔniŋ]
confiture (f)	syltetøy (n)	['syltə,tøj]
gomme (f) à mâcher	tyggegummi (m)	['tygə,gʉmi]

53. Les boissons

eau (f)	vann (n)	['van]
eau (f) potable	drikkevann (n)	['drikə,van]
eau (f) minérale	mineralvann (n)	[minə'ral,van]

plate (adj)	uten kullsyre	['ʉtən kʉl'syrə]
gazeuse (l'eau ~)	kullsyret	[kʉl'syrət]
pétillante (adj)	med kullsyre	[me kʉl'syrə]
glace (f)	is (m)	['is]
avec de la glace	med is	[me 'is]

sans alcool	alkoholfri	['alkʉhʉl,fri]
boisson (f) non alcoolisée	alkoholfri drikk (m)	['alkʉhʉl,fri drik]
rafraîchissement (m)	leskedrikk (m)	['leskə,drik]
limonade (f)	limonade (m)	[limo'nadə]

boissons (f pl) alcoolisées	rusdrikker (m pl)	['rʉs,drikər]
vin (m)	vin (m)	['vin]
vin (m) blanc	hvitvin (m)	['vit,vin]
vin (m) rouge	rødvin (m)	['rø,vin]

liqueur (f)	likør (m)	[li'kør]
champagne (m)	champagne (m)	[ʂam'panjə]
vermouth (m)	vermut (m)	['værmʉt]

whisky (m)	whisky (m)	['viski]
vodka (f)	vodka (m)	['vɔdka]
gin (m)	gin (m)	['dʒin]
cognac (m)	konjakk (m)	['kʉnjak]
rhum (m)	rom (m)	['rʉm]

café (m)	kaffe (m)	['kafə]
café (m) noir	svart kaffe (m)	['svɑːʈ 'kafə]
café (m) au lait	kaffe (m) med melk	['kafə me 'mɛlk]
cappuccino (m)	cappuccino (m)	[kapʉ'tʃino]
café (m) soluble	pulverkaffe (m)	['pʉlvər,kafə]

lait (m)	melk (m/f)	['mɛlk]
cocktail (m)	cocktail (m)	['kɔk,tɛjl]
cocktail (m) au lait	milkshake (m)	['milk,ʂɛjk]
jus (m)	jus, juice (m)	['dʒʉs]

jus (m) de tomate	tomatjuice (m)	[tʉ'mat‚dʒʉs]
jus (m) d'orange	appelsinjuice (m)	[apel'sin‚dʒʉs]
jus (m) pressé	nypresset juice (m)	['ny‚prɛsə 'dʒʉs]
bière (f)	øl (m/n)	['øl]
bière (f) blonde	lettøl (n)	['let‚øl]
bière (f) brune	mørkt øl (n)	['mœrkt‚øl]
thé (m)	te (m)	['te]
thé (m) noir	svart te (m)	['sva:ʈ ‚te]
thé (m) vert	grønn te (m)	['grœn ‚te]

54. Les légumes

légumes (m pl)	grønnsaker (m pl)	['grœn‚sakər]
verdure (f)	grønnsaker (m pl)	['grœn‚sakər]
tomate (f)	tomat (m)	[tʉ'mat]
concombre (m)	agurk (m)	[a'gʉrk]
carotte (f)	gulrot (m/f)	['gʉl‚rʉt]
pomme (f) de terre	potet (m/f)	[pʉ'tet]
oignon (m)	løk (m)	['løk]
ail (m)	hvitløk (m)	['vit‚løk]
chou (m)	kål (m)	['kɔl]
chou-fleur (m)	blomkål (m)	['blɔm‚kɔl]
chou (m) de Bruxelles	rosenkål (m)	['rʉsən‚kɔl]
brocoli (m)	brokkoli (m)	['brɔkɔli]
betterave (f)	rødbete (m/f)	['rø‚betə]
aubergine (f)	aubergine (m)	[ɔbɛr'şin]
courgette (f)	squash (m)	['skvɔş]
potiron (m)	gresskar (n)	['grɛskar]
navet (m)	nepe (m/f)	['nepə]
persil (m)	persille (m/f)	[pæ'şilə]
fenouil (m)	dill (m)	['dil]
laitue (f) (salade)	salat (m)	[sa'lat]
céleri (m)	selleri (m/n)	[sɛle‚ri]
asperge (f)	asparges (m)	[a'sparşəs]
épinard (m)	spinat (m)	[spi'nat]
pois (m)	erter (m pl)	['æ:ʈər]
fèves (f pl)	bønner (m/f pl)	['bœnər]
maïs (m)	mais (m)	['mais]
haricot (m)	bønne (m/f)	['bœnə]
poivron (m)	pepper (m)	['pɛpər]
radis (m)	reddik (m)	['rɛdik]
artichaut (m)	artisjokk (m)	[‚a:ʈi'şɔk]

55. Les fruits. Les noix

fruit (m)	frukt (m/f)	['frʉkt]
pomme (f)	eple (n)	['ɛplə]
poire (f)	pære (m/f)	['pæərə]
citron (m)	sitron (m)	[si'trʊn]
orange (f)	appelsin (m)	[apel'sin]
fraise (f)	jordbær (n)	['juːr̩bær]
mandarine (f)	mandarin (m)	[manda'rin]
prune (f)	plomme (m/f)	['plʊmə]
pêche (f)	fersken (m)	['fæʂkən]
abricot (m)	aprikos (m)	[apri'kʊs]
framboise (f)	bringebær (n)	['briŋə̩bær]
ananas (m)	ananas (m)	['ananas]
banane (f)	banan (m)	[ba'nan]
pastèque (f)	vannmelon (m)	['vanme̩lʊn]
raisin (m)	drue (m)	['drʉə]
cerise (f)	kirsebær (n)	['çiʂə̩bær]
merise (f)	morell (m)	[mʊ'rɛl]
melon (m)	melon (m)	[me'lun]
pamplemousse (m)	grapefrukt (m/f)	['grɛjp̩frʉkt]
avocat (m)	avokado (m)	[avɔ'kadɔ]
papaye (f)	papaya (m)	[pa'paja]
mangue (f)	mango (m)	['maŋu]
grenade (f)	granateple (n)	[gra'nat̩ɛplə]
groseille (f) rouge	rips (m)	['rips]
cassis (m)	solbær (n)	['sʊl̩bær]
groseille (f) verte	stikkelsbær (n)	['stikəls̩bær]
myrtille (f)	blåbær (n)	['blɔ̩bær]
mûre (f)	bjørnebær (m)	['bjœːɳə̩bær]
raisin (m) sec	rosin (m)	[rʊ'sin]
figue (f)	fiken (m)	['fikən]
datte (f)	daddel (m)	['dadəl]
cacahuète (f)	jordnøtt (m)	['juːr̩nœt]
amande (f)	mandel (m)	['mandəl]
noix (f)	valnøtt (m/f)	['val̩nœt]
noisette (f)	hasselnøtt (m/f)	['hasəl̩nœt]
noix (f) de coco	kokosnøtt (m/f)	['kʊkʊs̩nœt]
pistaches (f pl)	pistasier (m pl)	[pi'staʂiər]

56. Le pain. Les confiseries

confiserie (f)	bakevarer (m/f pl)	['bakə̩varər]
pain (m)	brød (n)	['brø]
biscuit (m)	kjeks (m)	['çɛks]
chocolat (m)	sjokolade (m)	[ʂʊkʊ'ladə]
en chocolat (adj)	sjokolade-	[ʂʊkʊ'ladə-]

bonbon (m)	sukkertøy (n), karamell (m)	['sɵkə:ʈøj], [kara'mɛl]
gâteau (m), pâtisserie (f)	kake (m/f)	['kakə]
tarte (f)	bløtkake (m/f)	['bløt̪kakə]

gâteau (m)	pai (m)	['paj]
garniture (f)	fyll (m/n)	['fʏl]

confiture (f)	syltetøy (n)	['syltə̪tøj]
marmelade (f)	marmelade (m)	[marme'ladə]
gaufre (f)	vaffel (m)	['vafəl]
glace (f)	iskrem (m)	['iskrɛm]
pudding (m)	pudding (m)	['pɵdiŋ]

57. Les épices

sel (m)	salt (n)	['salt]
salé (adj)	salt	['salt]
saler (vt)	å salte	[ɔ 'saltə]

poivre (m) noir	svart pepper (m)	['sva:ʈ 'pɛpər]
poivre (m) rouge	rød pepper (m)	['rø 'pɛpər]
moutarde (f)	sennep (m)	['sɛnəp]
raifort (m)	pepperrot (m/f)	['pɛpər̪rʊt]

condiment (m)	krydder (n)	['krʏdər]
épice (f)	krydder (n)	['krʏdər]
sauce (f)	saus (m)	['saʊs]
vinaigre (m)	eddik (m)	['ɛdik]

anis (m)	anis (m)	['anis]
basilic (m)	basilik (m)	[basi'lik]
clou (m) de girofle	nellik (m)	['nɛlik]
gingembre (m)	ingefær (m)	['iŋə̪fær]
coriandre (m)	koriander (m)	[kʊri'andər]
cannelle (f)	kanel (m)	[ka'nel]

sésame (m)	sesam (m)	['sesam]
feuille (f) de laurier	laurbærblad (n)	['laʊrbær̪bla]
paprika (m)	paprika (m)	['paprika]
cumin (m)	karve, kummin (m)	['karvə], ['kɵmin]
safran (m)	safran (m)	[sa'fran]

LES DONNÉES PERSONNELLES. LA FAMILLE

58. Les données personnelles. Les formulaires

prénom (m)	navn (n)	['nɑvn]
nom (m) de famille	etternavn (n)	['ɛtəˌŋɑvn]
date (f) de naissance	fødselsdato (m)	['føtsəlsˌdɑtʊ]
lieu (m) de naissance	fødested (n)	['fødəˌsted]
nationalité (f)	nasjonalitet (m)	[nɑʂʊnɑliˈtet]
domicile (m)	bosted (n)	['bʊˌsted]
pays (m)	land (n)	['lɑn]
profession (f)	yrke (n), profesjon (m)	['yrkə], [prʊfeˈʂʊn]
sexe (m)	kjønn (n)	['çœn]
taille (f)	høyde (m)	['højdə]
poids (m)	vekt (m)	['vɛkt]

59. La famille. Les liens de parenté

mère (f)	mor (m/f)	['mʊr]
père (m)	far (m)	['fɑr]
fils (m)	sønn (m)	['sœn]
fille (f)	datter (m/f)	['dɑtər]
fille (f) cadette	yngste datter (m/f)	['yŋstə 'dɑtər]
fils (m) cadet	yngste sønn (m)	['yŋstə 'sœn]
fille (f) aînée	eldste datter (m/f)	['ɛlstə 'dɑtər]
fils (m) aîné	eldste sønn (m)	['ɛlstə 'sœn]
frère (m)	bror (m)	['brʊr]
frère (m) aîné	eldre bror (m)	['ɛldrə ˌbrʊr]
frère (m) cadet	lillebror (m)	['liləˌbrʊr]
sœur (f)	søster (m/f)	['søstər]
sœur (f) aînée	eldre søster (m/f)	['ɛldrə ˌsøstər]
sœur (f) cadette	lillesøster (m/f)	['liləˌsøstər]
cousin (m)	fetter (m/f)	['fɛtər]
cousine (f)	kusine (m)	[kʉˈsinə]
maman (f)	mamma (m)	['mɑmɑ]
papa (m)	pappa (m)	['pɑpɑ]
parents (m pl)	foreldre (pl)	[for'ɛldrə]
enfant (m, f)	barn (n)	['bɑːn]
enfants (pl)	barn (n pl)	['bɑːn]
grand-mère (f)	bestemor (m)	['bɛstəˌmʊr]
grand-père (m)	bestefar (m)	['bɛstəˌfɑr]
petit-fils (m)	barnebarn (n)	['bɑːŋəˌbɑːn]

petite-fille (f)	**barnebarn** (n)	['bɑːŋəˌbɑːŋ]
petits-enfants (pl)	**barnebarn** (n pl)	['bɑːŋəˌbɑːŋ]
oncle (m)	**onkel** (m)	['ʊnkəl]
tante (f)	**tante** (m/f)	['tɑntə]
neveu (m)	**nevø** (m)	[ne'vø]
nièce (f)	**niese** (m/f)	[ni'esə]
belle-mère (f)	**svigermor** (m/f)	['sviɡərˌmʊr]
beau-père (m)	**svigerfar** (m)	['sviɡərˌfɑr]
gendre (m)	**svigersønn** (m)	['sviɡərˌsœn]
belle-mère (f)	**stemor** (m/f)	['steˌmʊr]
beau-père (m)	**stefar** (m)	['steˌfɑr]
nourrisson (m)	**brystbarn** (n)	['brystˌbɑːŋ]
bébé (m)	**spedbarn** (n)	['speˌbɑːŋ]
petit (m)	**lite barn** (n)	['litə 'bɑːŋ]
femme (f)	**kone** (m/f)	['kʊnə]
mari (m)	**mann** (m)	['man]
époux (m)	**ektemann** (m)	['ɛktəˌman]
épouse (f)	**hustru** (m)	['hʉstrʉ]
marié (adj)	**gift**	['jift]
mariée (adj)	**gift**	['jift]
célibataire (adj)	**ugift**	[ʉ'jift]
célibataire (m)	**ungkar** (m)	['ʉŋˌkɑr]
divorcé (adj)	**fraskilt**	['frɑˌʂilt]
veuve (f)	**enke** (m)	['ɛnkə]
veuf (m)	**enkemann** (m)	['ɛnkəˌman]
parent (m)	**slektning** (m)	['ʂlektniŋ]
parent (m) proche	**nær slektning** (m)	['nær 'slektniŋ]
parent (m) éloigné	**fjern slektning** (m)	['fjæːɳ 'slektniŋ]
parents (m pl)	**slektninger** (m pl)	['ʂlektniŋər]
orphelin (m), orpheline (f)	**foreldreløst barn** (n)	[for'ɛldrəløst ˌbɑːŋ]
tuteur (m)	**formynder** (m)	['forˌmynər]
adopter (un garçon)	**å adoptere**	[ɔ adɔp'terə]
adopter (une fille)	**å adoptere**	[ɔ adɔp'terə]

60. Les amis. Les collègues

ami (m)	**venn** (m)	['vɛn]
amie (f)	**venninne** (m/f)	[vɛ'ninə]
amitié (f)	**vennskap** (n)	['vɛnˌskɑp]
être ami	**å være venner**	[ɔ 'værə 'vɛnər]
copain (m)	**venn** (m)	['vɛn]
copine (f)	**venninne** (m/f)	[vɛ'ninə]
partenaire (m)	**partner** (m)	['pɑːʈnər]
chef (m)	**sjef** (m)	['ʂɛf]
supérieur (m)	**overordnet** (m)	['ɔvərˌɔrdnet]

propriétaire (m)	eier (m)	['æjər]
subordonné (m)	underordnet (m)	['ʉnərˌɔrdnet]
collègue (m, f)	kollega (m)	[kʊˈlega]

connaissance (f)	bekjent (m)	[beˈçɛnt]
compagnon (m) de route	medpassasjer (m)	['meˌpasaˈʂɛr]
copain (m) de classe	klassekamerat (m)	['klasəˌkaməˈrɑːt]

voisin (m)	nabo (m)	['nɑbʊ]
voisine (f)	nabo (m)	['nɑbʊ]
voisins (m pl)	naboer (m pl)	['nɑbʊər]

LE CORPS HUMAIN. LES MÉDICAMENTS

61. La tête

tête (f)	hode (n)	['hʊdə]
visage (m)	ansikt (n)	['ɑnsikt]
nez (m)	nese (m/f)	['nesə]
bouche (f)	munn (m)	['mʉn]
œil (m)	øye (n)	['øjə]
les yeux	øyne (n pl)	['øjnə]
pupille (f)	pupill (m)	[pʉ'pil]
sourcil (m)	øyenbryn (n)	['øjən‚bryn]
cil (m)	øyenvipp (m)	['øjən‚vip]
paupière (f)	øyelokk (m)	['øjə‚lɔk]
langue (f)	tunge (m/f)	['tʉŋə]
dent (f)	tann (m/f)	['tɑn]
lèvres (f pl)	lepper (m/f pl)	['lepər]
pommettes (f pl)	kinnbein (n pl)	['çin‚bæjn]
gencive (f)	tannkjøtt (n)	['tɑn‚çœt]
palais (m)	gane (m)	['gɑnə]
narines (f pl)	nesebor (n pl)	['nesə‚bʊr]
menton (m)	hake (m/f)	['hɑkə]
mâchoire (f)	kjeve (m)	['çɛvə]
joue (f)	kinn (n)	['çin]
front (m)	panne (m/f)	['pɑnə]
tempe (f)	tinning (m)	['tiniŋ]
oreille (f)	øre (n)	['ørə]
nuque (f)	bakhode (n)	['bɑk‚hodə]
cou (m)	hals (m)	['hɑls]
gorge (f)	strupe, hals (m)	['strʉpə], ['hɑls]
cheveux (m pl)	hår (n pl)	['hɔr]
coiffure (f)	frisyre (m)	[fri'syrə]
coupe (f)	hårfasong (m)	['hoːrfɑ‚sɔŋ]
perruque (f)	parykk (m)	[pɑ'rʏk]
moustache (f)	mustasje (m)	[mʉ'stɑʂə]
barbe (f)	skjegg (n)	['ʂɛg]
porter (~ la barbe)	å ha	[ɔ 'hɑ]
tresse (f)	flette (m/f)	['fletə]
favoris (m pl)	bakkenbarter (pl)	['bɑkən‚bɑːʈər]
roux (adj)	rødhåret	['rø‚hoːrət]
gris, grisonnant (adj)	grå	['grɔ]
chauve (adj)	skallet	['skɑlət]
calvitie (f)	skallet flekk (m)	['skɑlət ‚flek]

| queue (f) de cheval | hestehale (m) | ['hɛstəˌhɑlə] |
| frange (f) | pannelugg (m) | ['pɑnəˌlʉg] |

62. Le corps humain

| main (f) | hånd (m/f) | ['hɔn] |
| bras (m) | arm (m) | ['ɑrm] |

doigt (m)	finger (m)	['fiŋər]
orteil (m)	tå (m/f)	['tɔ]
pouce (m)	tommel (m)	['tɔməl]
petit doigt (m)	lillefinger (m)	['liləˌfiŋər]
ongle (m)	negl (m)	['nɛjl]

poing (m)	knyttneve (m)	['knʏtˌnevə]
paume (f)	håndflate (m/f)	['hɔnˌflɑtə]
poignet (m)	håndledd (n)	['hɔnˌled]
avant-bras (m)	underarm (m)	['ʉnərˌarm]
coude (m)	albue (m)	['ɑlˌbʉe]
épaule (f)	skulder (m)	['skʉldər]

jambe (f)	bein (n)	['bæjn]
pied (m)	fot (m)	['fʉt]
genou (m)	kne (n)	['knɛ]
mollet (m)	legg (m)	['leg]
hanche (f)	hofte (m)	['hɔftə]
talon (m)	hæl (m)	['hæl]

corps (m)	kropp (m)	['krɔp]
ventre (m)	mage (m)	['mɑgə]
poitrine (f)	bryst (n)	['brʏst]
sein (m)	bryst (n)	['brʏst]
côté (m)	side (m/f)	['sidə]
dos (m)	rygg (m)	['rʏg]
reins (région lombaire)	korsrygg (m)	['kɔːʂˌrʏg]
taille (f) (~ de guêpe)	liv (n), midje (m/f)	['liv], ['midjə]

nombril (m)	navle (m)	['nɑvlə]
fesses (f pl)	rumpeballer (m pl)	['rʉmpəˌbɑlər]
derrière (m)	bak (m)	['bɑk]

grain (m) de beauté	føflekk (m)	['føˌflek]
tache (f) de vin	fødselsmerke (n)	['føtsəlsˌmærke]
tatouage (m)	tatovering (m/f)	[tɑtu'veriŋ]
cicatrice (f)	arr (n)	['ɑr]

63. Les maladies

maladie (f)	sykdom (m)	['sʏkˌdom]
être malade	å være syk	[ɔ 'værə 'sʏk]
santé (f)	helse (m/f)	['hɛlsə]
rhume (m) (coryza)	snue (m)	['snʉe]

angine (f)	angina (m)	[an'gina]
refroidissement (m)	forkjølelse (m)	[for'çœləlsə]
prendre froid	å forkjøle seg	[ɔ for'çœlə sæj]
bronchite (f)	bronkitt (m)	[brɔn'kit]
pneumonie (f)	lungebetennelse (m)	['lʉŋə be'tɛnəlsə]
grippe (f)	influensa (m)	[inflʉ'ɛnsa]
myope (adj)	nærsynt	['næˌsʏnt]
presbyte (adj)	langsynt	['laŋsʏnt]
strabisme (m)	skjeløydhet (m)	['ʂɛløjdˌhet]
strabique (adj)	skjeløyd	['ʂɛlˌøjd]
cataracte (f)	grå stær, katarakt (m)	['grɔ ˌstær], [kata'rakt]
glaucome (m)	glaukom (n)	[glaʉ'kɔm]
insulte (f)	hjerneslag (n)	['jæːnəˌslag]
crise (f) cardiaque	infarkt (n)	[in'farkt]
infarctus (m) de myocarde	myokardieinfarkt (n)	['miɔ'kardiə in'farkt]
paralysie (f)	paralyse, lammelse (m)	['para'lyse], ['laməlsə]
paralyser (vt)	å lamme	[ɔ 'lamə]
allergie (f)	allergi (m)	[alæː'gi]
asthme (m)	astma (m)	['astma]
diabète (m)	diabetes (m)	[dia'betəs]
mal (m) de dents	tannpine (m/f)	['tanˌpinə]
carie (f)	karies (m)	['karies]
diarrhée (f)	diaré (m)	[dia'rɛ]
constipation (f)	forstoppelse (m)	[fo'ʂtɔpəlsə]
estomac (m) barbouillé	magebesvær (m)	['magəˌbe'svær]
intoxication (f) alimentaire	matforgiftning (m/f)	['matˌforˈjiftniŋ]
être intoxiqué	å få matforgiftning	[ɔ 'fo matˌforˈjiftniŋ]
arthrite (f)	artritt (m)	[aːˈʈ'rit]
rachitisme (m)	rakitt (m)	[ra'kit]
rhumatisme (m)	revmatisme (m)	[revma'tismə]
athérosclérose (f)	arteriosklerose (m)	[aːˈʈeriʉskleˌrʉsə]
gastrite (f)	magekatarr, gastritt (m)	['magekaˌtar], [ˌga'strit]
appendicite (f)	appendisitt (m)	[apɛndi'sit]
cholécystite (f)	galleblærebetennelse (m)	['galeˌblærə be'tɛnəlsə]
ulcère (m)	magesår (n)	['magəˌsɔr]
rougeole (f)	meslinger (m pl)	['mɛsˌliŋər]
rubéole (f)	røde hunder (m pl)	['rødə 'hʉnər]
jaunisse (f)	gulsott (m/f)	['gʉlˌsʊt]
hépatite (f)	hepatitt (m)	[hepa'tit]
schizophrénie (f)	schizofreni (m)	[ʂisʉfre'ni]
rage (f) (hydrophobie)	rabies (m)	['rabiəs]
névrose (f)	nevrose (m)	[nev'rʉsə]
commotion (f) cérébrale	hjernerystelse (m)	['jæːnəˌrʏstəlsə]
cancer (m)	kreft, cancer (m)	['krɛft], ['kansər]
sclérose (f)	sklerose (m)	[skle'rʉsə]

sclérose (f) en plaques	multippel sklerose (m)	[mʉl'tipəl skle'rʉsə]
alcoolisme (m)	alkoholisme (m)	[alkʊhʊ'lismə]
alcoolique (m)	alkoholiker (m)	[alkʊ'hʉlikər]
syphilis (f)	syfilis (m)	['syfilis]
SIDA (m)	AIDS, aids (m)	['ɛjds]

tumeur (f)	svulst, tumor (m)	['svʉlst], [tʉ'mʊr]
maligne (adj)	ondartet, malign	['ʊn‚aːʈət], [ma'lign]
bénigne (adj)	godartet	['gʊ‚aːʈət]

fièvre (f)	feber (m)	['febər]
malaria (f)	malaria (m)	[ma'laria]
gangrène (f)	koldbrann (m)	['kɔlbran]
mal (m) de mer	sjøsyke (m)	['ʂøˌsykə]
épilepsie (f)	epilepsi (m)	[ɛpilep'si]

épidémie (f)	epidemi (m)	[ɛpide'mi]
typhus (m)	tyfus (m)	['tyfʉs]
tuberculose (f)	tuberkulose (m)	[tubærkʉ'lɔsə]
choléra (m)	kolera (m)	['kʊlera]
peste (f)	pest (m)	['pɛst]

64. Les symptômes. Le traitement. Partie 1

symptôme (m)	symptom (n)	[sʏmp'tʊm]
température (f)	temperatur (m)	[tɛmpəra'tʉr]
fièvre (f)	høy temperatur (m)	['høj tɛmpəra'tʉr]
pouls (m)	puls (m)	['pʉls]

vertige (m)	svimmelhet (m)	['sviməlˌhet]
chaud (adj)	varm	['varm]
frisson (m)	skjelving (m/f)	['ʂɛlviŋ]
pâle (adj)	blek	['blek]

toux (f)	hoste (m)	['hʊstə]
tousser (vi)	å hoste	[ɔ 'hʊstə]
éternuer (vi)	å nyse	[ɔ 'nysə]
évanouissement (m)	besvimelse (m)	[bɛ'sviməlsə]
s'évanouir (vp)	å besvime	[ɔ be'svimə]

bleu (m)	blåmerke (n)	['blɔˌmærkə]
bosse (f)	bule (m)	['bʉlə]
se heurter (vp)	å slå seg	[ɔ 'ʂlɔ sæj]
meurtrissure (f)	blåmerke (n)	['blɔˌmærkə]
se faire mal	å slå seg	[ɔ 'ʂlɔ sæj]

boiter (vi)	å halte	[ɔ 'haltə]
foulure (f)	forvridning (m)	[fɔr'vridniŋ]
se démettre (l'épaule, etc.)	å forvri	[ɔ fɔr'vri]
fracture (f)	brudd (n), fraktur (m)	['brʉd], [frak'tʉr]
avoir une fracture	å få brudd	[ɔ 'fɔ 'brʉd]

coupure (f)	skjæresår (n)	['ʂæːrəˌsɔr]
se couper (~ le doigt)	å skjære seg	[ɔ 'ʂæːrə sæj]

hémorragie (f)	blødning (m/f)	['blødniŋ]
brûlure (f)	brannsår (n)	['bran‚sɔr]
se brûler (vp)	å brenne seg	[ɔ 'brɛnə sæj]
se piquer (le doigt)	å stikke	[ɔ 'stikə]
se piquer (vp)	å stikke seg	[ɔ 'stikə sæj]
blesser (vt)	å skade	[ɔ 'skadə]
blessure (f)	skade (n)	['skadə]
plaie (f) (blessure)	sår (n)	['sɔr]
trauma (m)	traume (m)	['traʊmə]
délirer (vi)	å snakke i villelse	[ɔ 'snakə i 'viləlsə]
bégayer (vi)	å stamme	[ɔ 'stamə]
insolation (f)	solstikk (n)	['sʊl‚stik]

65. Les symptômes. Le traitement. Partie 2

douleur (f)	smerte (m)	['smæːtə]
écharde (f)	flis (m/f)	['flis]
sueur (f)	svette (m)	['svɛtə]
suer (vi)	å svette	[ɔ 'svɛtə]
vomissement (m)	oppkast (n)	['ɔp‚kast]
spasmes (m pl)	kramper (m pl)	['krampər]
enceinte (adj)	gravid	[gra'vid]
naître (vi)	å fødes	[ɔ 'fødə]
accouchement (m)	fødsel (m)	['føtsəl]
accoucher (vi)	å føde	[ɔ 'fødə]
avortement (m)	abort (m)	[a'bɔːt]
respiration (f)	åndedrett (n)	['ɔŋdə‚drɛt]
inhalation (f)	innånding (m/f)	['in‚ɔniŋ]
expiration (f)	utånding (m/f)	['ʉt‚ɔndiŋ]
expirer (vi)	å puste ut	[ɔ 'pʉstə ʉt]
inspirer (vi)	å ånde inn	[ɔ 'ɔŋdə ‚in]
invalide (m)	handikappet person (m)	['handi‚kapət pæ'ʂʉn]
handicapé (m)	krøpling (m)	['krøpliŋ]
drogué (m)	narkoman (m)	[narkʊ'man]
sourd (adj)	døv	['døv]
muet (adj)	stum	['stʉm]
sourd-muet (adj)	døvstum	['døf‚stʉm]
fou (adj)	gal	['gal]
fou (m)	gal mann (m)	['gal ‚man]
folle (f)	gal kvinne (m/f)	['gal ‚kvinə]
devenir fou	å bli sinnssyk	[ɔ 'bli 'sin‚syk]
gène (m)	gen (m)	['gen]
immunité (f)	immunitet (m)	[imʉni'tet]
héréditaire (adj)	arvelig	['arvəli]
congénital (adj)	medfødt	['meː‚føt]

virus (m)	virus (m)	['virʉs]
microbe (m)	mikrobe (m)	[mi'krʊbə]
bactérie (f)	bakterie (m)	[bak'teriə]
infection (f)	infeksjon (m)	[infɛk'ʂʊn]

66. Les symptômes. Le traitement. Partie 3

| hôpital (m) | sykehus (n) | ['sykə‚hʉs] |
| patient (m) | pasient (m) | [pasi'ɛnt] |

diagnostic (m)	diagnose (m)	[dia'gnʊsə]
cure (f) (faire une ~)	kur (m)	['kʉr]
traitement (m)	behandling (m/f)	[be'handliŋ]
se faire soigner	å bli behandlet	[ɔ 'bli be'handlət]
traiter (un patient)	å behandle	[ɔ be'handlə]
soigner (un malade)	å skjøtte	[ɔ 'ʂøtə]
soins (m pl)	sykepleie (m/f)	['sykə‚plæjə]

opération (f)	operasjon (m)	[ɔpəra'ʂʊn]
panser (vt)	å forbinde	[ɔ fɔr'binə]
pansement (m)	forbinding (m)	[fɔr'biniŋ]

vaccination (f)	vaksinering (m/f)	[vaksi'neriŋ]
vacciner (vt)	å vaksinere	[ɔ vaksi'nerə]
piqûre (f)	injeksjon (m), sprøyte (m/f)	[injɛk'ʂʊn], ['sprøjtə]
faire une piqûre	å gi en sprøyte	[ɔ 'ji en 'sprøjtə]

crise, attaque (f)	anfall (n)	['an‚fal]
amputation (f)	amputasjon (m)	[ampʉta'ʂʊn]
amputer (vt)	å amputere	[ɔ ampʉ'terə]
coma (m)	koma (m)	['kʊma]
être dans le coma	å ligge i koma	[ɔ 'ligə i 'kʊma]
réanimation (f)	intensivavdeling (m/f)	['inten‚siv 'av‚deliŋ]

se rétablir (vp)	å bli frisk	[ɔ 'bli 'frisk]
état (m) (de santé)	tilstand (m)	['til‚stan]
conscience (f)	bevissthet (m)	[be'vist‚het]
mémoire (f)	minne (n), hukommelse (m)	['minə], [hʉ'kɔməlsə]

arracher (une dent)	å trekke ut	[ɔ 'trɛkə ʉt]
plombage (m)	fylling (m/f)	['fʏliŋ]
plomber (vt)	å plombere	[ɔ plʊm'berə]

| hypnose (f) | hypnose (m) | [hʏp'nʊsə] |
| hypnotiser (vt) | å hypnotisere | [ɔ hʏpnʊti'serə] |

67. Les médicaments. Les accessoires

médicament (m)	medisin (m)	[medi'sin]
remède (m)	middel (n)	['midəl]
prescrire (vt)	å ordinere	[ɔ ɔrdi'nerə]
ordonnance (f)	resept (m)	[re'sɛpt]

comprimé (m)	**tablett** (m)	[tab'let]
onguent (m)	**salve** (m/f)	['salvə]
ampoule (f)	**ampulle** (m)	[am'pʉlə]
mixture (f)	**mikstur** (m)	[miks'tʉr]
sirop (m)	**sirup** (m)	['sirʉp]
pilule (f)	**pille** (m/f)	['pilə]
poudre (f)	**pulver** (n)	['pʉlvər]
bande (f)	**gasbind** (n)	['gas,bin]
coton (m) (ouate)	**vatt** (m/n)	['vat]
iode (m)	**jod** (m/n)	['ʉd]
sparadrap (m)	**plaster** (n)	['plastər]
compte-gouttes (m)	**pipette** (m)	[pi'pɛtə]
thermomètre (m)	**termometer** (n)	[tɛrmʉ'metər]
seringue (f)	**sprøyte** (m/f)	['sprøjtə]
fauteuil (m) roulant	**rullestol** (m)	['rʉlə,stʉl]
béquilles (f pl)	**krykker** (m/f pl)	['krʏkər]
anesthésique (m)	**smertestillende middel** (n)	['smæːṭə,stilenə 'midəl]
purgatif (m)	**laksativ** (n)	[laksa'tiv]
alcool (m)	**sprit** (m)	['sprit]
herbe (f) médicinale	**legeurter** (m/f pl)	['legə,ʉːtər]
d'herbes (adj)	**urte-**	['ʉːṭə-]

L'APPARTEMENT

68. L'appartement

appartement (m)	leilighet (m/f)	['læjli,het]
chambre (f)	rom (n)	['rʊm]
chambre (f) à coucher	soverom (n)	['sɔvə,rʊm]
salle (f) à manger	spisestue (m/f)	['spisə,stʉə]
salon (m)	dagligstue (m/f)	['dɑgli,stʉə]
bureau (m)	arbeidsrom (n)	['ɑrbæjds,rʊm]
antichambre (f)	entré (m)	[ɑn'trɛ:]
salle (f) de bains	bad, baderom (n)	['bɑd], ['bɑdə,rʊm]
toilettes (f pl)	toalett, WC (n)	[tʊɑ'let], [vɛ'sɛ]
plafond (m)	tak (n)	['tɑk]
plancher (m)	gulv (n)	['gʉlv]
coin (m)	hjørne (n)	['jœ:ɳə]

69. Les meubles. L'intérieur

meubles (m pl)	møbler (n pl)	['møblər]
table (f)	bord (n)	['bʊr]
chaise (f)	stol (m)	['stʊl]
lit (m)	seng (m/f)	['sɛŋ]
canapé (m)	sofa (m)	['sʊfɑ]
fauteuil (m)	lenestol (m)	['lenə,stʊl]
bibliothèque (f) (meuble)	bokskap (n)	['bʊk,skɑp]
rayon (m)	hylle (m/f)	['hʏlə]
armoire (f)	klesskap (n)	['kle,skɑp]
patère (f)	knaggbrett (n)	['knɑg,brɛt]
portemanteau (m)	stumtjener (m)	['stʉm,tjenər]
commode (f)	kommode (m)	[kʊ'mʊdə]
table (f) basse	kaffebord (n)	['kɑfə,bʊr]
miroir (m)	speil (n)	['spæjl]
tapis (m)	teppe (n)	['tɛpə]
petit tapis (m)	lite teppe (n)	['litə 'tɛpə]
cheminée (f)	peis (m), ildsted (n)	['pæjs], ['ilsted]
bougie (f)	lys (n)	['lys]
chandelier (m)	lysestake (m)	['lysə,stɑkə]
rideaux (m pl)	gardiner (m/f pl)	[gɑ:'dinər]
papier (m) peint	tapet (n)	[tɑ'pet]

jalousie (f)	persienne (m)	[pæʂi'enə]
lampe (f) de table	bordlampe (m/f)	['bʊr͜lampə]
applique (f)	vegglampe (m/f)	['vɛɡ͜lampə]
lampadaire (m)	gulvlampe (m/f)	['ɡʉlv͜lampə]
lustre (m)	lysekrone (m/f)	['lysə͜krʊnə]

pied (m) (~ de la table)	bein (n)	['bæjn]
accoudoir (m)	armlene (n)	['arm͜lenə]
dossier (m)	rygg (m)	['rʏɡ]
tiroir (m)	skuff (m)	['skʉf]

70. La literie

linge (m) de lit	sengetøy (n)	['sɛŋə͜tøj]
oreiller (m)	pute (m/f)	['pʉtə]
taie (f) d'oreiller	putevar, putetrekk (n)	['pʉtə͜var], ['pʉtə͜trɛk]
couverture (f)	dyne (m/f)	['dynə]
drap (m)	laken (n)	['lakən]
couvre-lit (m)	sengeteppe (n)	['sɛŋə͜tɛpə]

71. La cuisine

cuisine (f)	kjøkken (n)	['çœkən]
gaz (m)	gass (m)	['ɡas]
cuisinière (f) à gaz	gasskomfyr (m)	['ɡas kɔm͜fyr]
cuisinière (f) électrique	elektrisk komfyr (m)	[ɛ'lektrisk kɔm͜fyr]
four (m)	bakeovn (m)	['bake͜ɔvn]
four (m) micro-ondes	mikrobølgeovn (m)	['mikrʊ͜bølɡe'ɔvn]

réfrigérateur (m)	kjøleskap (n)	['çœlə͜skap]
congélateur (m)	fryser (m)	['frysər]
lave-vaisselle (m)	oppvaskmaskin (m)	['ɔpvask ma͜ʂin]

hachoir (m) à viande	kjøttkvern (m/f)	['çœt͜kvɛːn]
centrifugeuse (f)	juicepresse (m/f)	['dʒʉs͜prɛsə]
grille-pain (m)	brødrister (m)	['brø͜ristər]
batteur (m)	mikser (m)	['miksər]

machine (f) à café	kaffetrakter (m)	['kafə͜traktər]
cafetière (f)	kaffekanne (m/f)	['kafə͜kanə]
moulin (m) à café	kaffekvern (m/f)	['kafə͜kvɛːn]

bouilloire (f)	tekjele (m)	['te͜çelə]
théière (f)	tekanne (m/f)	['te͜kanə]
couvercle (m)	lokk (n)	['lɔk]
passoire (f) à thé	tesil (m)	['te͜sil]

cuillère (f)	skje (m)	['ʂe]
petite cuillère (f)	teskje (m)	['te͜ʂe]
cuillère (f) à soupe	spiseskje (m)	['spisə͜ʂɛ]
fourchette (f)	gaffel (m)	['ɡafəl]
couteau (m)	kniv (m)	['kniv]

vaisselle (f)	servise (n)	[sær'visə]
assiette (f)	tallerken (m)	[ta'lærkən]
soucoupe (f)	tefat (n)	['te‚fat]

verre (m) à shot	shotglass (n)	['ṣot‚glas]
verre (m) (~ d'eau)	glass (n)	['glas]
tasse (f)	kopp (m)	['kɔp]

sucrier (m)	sukkerskål (m/f)	['sʉkər‚skɔl]
salière (f)	saltbøsse (m/f)	['salt‚bøsə]
poivrière (f)	pepperbøsse (m/f)	['pɛpər‚bøsə]
beurrier (m)	smørkopp (m)	['smœr‚kɔp]

casserole (f)	gryte (m/f)	['grytə]
poêle (f)	steikepanne (m/f)	['stæjkə‚panə]
louche (f)	sleiv (m/f)	['ṣlæjv]
passoire (f)	dørslag (n)	['dœṣlag]
plateau (m)	brett (n)	['brɛt]

bouteille (f)	flaske (m)	['flaskə]
bocal (m) (à conserves)	glasskrukke (m/f)	['glas‚krʉkə]
boîte (f) en fer-blanc	boks (m)	['bɔks]

ouvre-bouteille (m)	flaskeåpner (m)	['flaskə‚ɔpnər]
ouvre-boîte (m)	konservåpner (m)	['kʉnsɛv‚ɔpnər]
tire-bouchon (m)	korketrekker (m)	['kɔrkə‚trɛkər]
filtre (m)	filter (n)	['filtər]
filtrer (vt)	å filtrere	[ɔ fil'trerə]

| ordures (f pl) | søppel (m/f/n) | ['sœpəl] |
| poubelle (f) | søppelbøtte (m/f) | ['sœpəl‚bœtə] |

72. La salle de bains

salle (f) de bains	bad, baderom (n)	['bad], ['badə‚rʉm]
eau (f)	vann (n)	['van]
robinet (m)	kran (m/f)	['kran]
eau (f) chaude	varmt vann (n)	['varmt ‚van]
eau (f) froide	kaldt vann (n)	['kalt van]

dentifrice (m)	tannpasta (m)	['tan‚pasta]
se brosser les dents	å pusse tennene	[ɔ 'pʉsə 'tɛnənə]
brosse (f) à dents	tannbørste (m)	['tan‚bœṣtə]

se raser (vp)	å barbere seg	[ɔ bar'berə sæj]
mousse (f) à raser	barberskum (n)	[bar'bɛ‚ṣkʉm]
rasoir (m)	høvel (m)	['høvəl]

laver (vt)	å vaske	[ɔ 'vaskə]
se laver (vp)	å vaske seg	[ɔ 'vaskə sæj]
douche (f)	dusj (m)	['dʉṣ]
prendre une douche	å ta en dusj	[ɔ 'ta en 'dʉṣ]
baignoire (f)	badekar (n)	['badə‚kar]
cuvette (f)	toalettstol (m)	[tʉa'let‚stʉl]

lavabo (m)	vaskeservant (m)	['vaskə͵sɛr'vant]
savon (m)	såpe (m/f)	['soːpə]
porte-savon (m)	såpeskål (m/f)	['soːpə͵skɔl]

éponge (f)	svamp (m)	['svamp]
shampooing (m)	sjampo (m)	['ʂam͵pu]
serviette (f)	håndkle (n)	['hɔn͵kle]
peignoir (m) de bain	badekåpe (m/f)	['badə͵koːpə]

lessive (f) (faire la ~)	vask (m)	['vask]
machine (f) à laver	vaskemaskin (m)	['vaskə ma͵ʂin]
faire la lessive	å vaske tøy	[ɔ 'vaskə 'tøj]
lessive (f) (poudre)	vaskepulver (n)	['vaskə͵pɵlvər]

73. Les appareils électroménagers

téléviseur (m)	TV (m), TV-apparat (n)	['tɛvɛ], ['tɛvɛ apa'rat]
magnétophone (m)	båndopptaker (m)	['bɔn͵ɔptakər]
magnétoscope (m)	video (m)	['videu]
radio (f)	radio (m)	['radiu]
lecteur (m)	spiller (m)	['spilər]

vidéoprojecteur (m)	videoprojektor (m)	['videu prɔ'jɛktɔr]
home cinéma (m)	hjemmekino (m)	['jɛmə͵çinu]
lecteur DVD (m)	DVD-spiller (m)	[deve'de ͵spilər]
amplificateur (m)	forsterker (m)	[fɔ'ʂtærkər]
console (f) de jeux	spillkonsoll (m)	['spil kʊn'sɔl]

caméscope (m)	videokamera (n)	['videu ͵kamera]
appareil (m) photo	kamera (n)	['kamera]
appareil (m) photo numérique	digitalkamera (n)	[digi'tal ͵kamera]

aspirateur (m)	støvsuger (m)	['støf͵sɵgər]
fer (m) à repasser	strykejern (n)	['strykə jæːɳ]
planche (f) à repasser	strykebrett (n)	['strykə͵brɛt]

téléphone (m)	telefon (m)	[tele'fʊn]
portable (m)	mobiltelefon (m)	[mʊ'bil tele'fʊn]
machine (f) à écrire	skrivemaskin (m)	['skrivə ma͵ʂin]
machine (f) à coudre	symaskin (m)	['siːma͵ʂin]

micro (m)	mikrofon (m)	[mikrʊ'fʊn]
écouteurs (m pl)	hodetelefoner (n pl)	['hɔdətelə͵fʊnər]
télécommande (f)	fjernkontroll (m)	['fjæːɳ kʊn'trɔl]

CD (m)	CD-rom (m)	['sɛdɛ͵rʊm]
cassette (f)	kassett (m)	[ka'sɛt]
disque (m) (vinyle)	plate, skive (m/f)	['platə], ['ʂivə]

LA TERRE. LE TEMPS

74. L'espace cosmique

cosmos (m)	rommet, kosmos (n)	['rʊmə], ['kɔsmɔs]
cosmique (adj)	rom-	['rʊm-]
espace (m) cosmique	ytre rom (n)	['ytrə ˌrʊm]
monde (m)	verden (m)	['værdən]
univers (m)	univers (n)	[ʉni'væʂ]
galaxie (f)	galakse (m)	[gɑ'lɑksə]
étoile (f)	stjerne (m/f)	['stjæːŋə]
constellation (f)	stjernebilde (n)	['stjæːŋəˌbildə]
planète (f)	planet (m)	[plɑ'net]
satellite (m)	satellitt (m)	[sɑtɛ'lit]
météorite (m)	meteoritt (m)	[meteʊ'rit]
comète (f)	komet (m)	[kʊ'met]
astéroïde (m)	asteroide (n)	[ɑsterʊ'idə]
orbite (f)	bane (m)	['bɑnə]
tourner (vi)	å rotere	[ɔ rɔ'terə]
atmosphère (f)	atmosfære (m)	[ɑtmʊ'sfærə]
Soleil (m)	Solen	['sʊlən]
système (m) solaire	solsystem (n)	['sʊl sʏ'stem]
éclipse (f) de soleil	solformørkelse (m)	['sʊl fɔr'mœrkəlsə]
Terre (f)	Jorden	['juːrən]
Lune (f)	Månen	['moːnən]
Mars (m)	Mars	['mɑʂ]
Vénus (f)	Venus	['venʉs]
Jupiter (m)	Jupiter	['jʉpitər]
Saturne (m)	Saturn	['sɑˌtʉːn]
Mercure (m)	Merkur	[mær'kʉr]
Uranus (m)	Uranus	[ʉ'rɑnʉs]
Neptune	Neptun	[nɛp'tʉn]
Pluton (m)	Pluto	['plʉtʊ]
la Voie Lactée	Melkeveien	['mɛlkəˌvæjən]
la Grande Ours	den Store Bjørn	['dən 'stʊrə ˌbjœːn]
la Polaire	Nordstjernen, Polaris	['nʊːrˌstjæːŋən], [pɔ'laris]
martien (m)	marsbeboer (m)	['mɑʂˌbebʊər]
extraterrestre (m)	utenomjordisk vesen (n)	['ʉtənomˌjuːrdisk 'vesən]
alien (m)	romvesen (n)	['rʊmˌvesən]
soucoupe (f) volante	flygende tallerken (m)	['flygenə tɑ'lærkən]
vaisseau (m) spatial	romskip (n)	['rʊmˌʂip]

station (f) orbitale	romstasjon (m)	['rʊmˌsta'ʂʊn]
lancement (m)	start (m), oppskyting (m/f)	['staːt], ['ɔpˌʂytiŋ]
moteur (m)	motor (m)	['mɔtʊr]
tuyère (f)	dyse (m)	['dysə]
carburant (m)	brensel (n), drivstoff (n)	['brɛnsəl], ['drifˌstɔf]
cabine (f)	cockpit (m), flydekk (n)	['kɔkpit], ['flyˌdɛk]
antenne (f)	antenne (m)	[an'tɛnə]
hublot (m)	koøye (m)	['kʊˌøjə]
batterie (f) solaire	solbatteri (n)	['sʊl batɛ'ri]
scaphandre (m)	romdrakt (m/f)	['rʊmˌdrakt]
apesanteur (f)	vektløshet (m/f)	['vɛktløsˌhet]
oxygène (m)	oksygen (n)	['ɔksy'gen]
arrimage (m)	dokking (m/f)	['dɔkiŋ]
s'arrimer à ...	å dokke	[ɔ 'dɔkə]
observatoire (m)	observatorium (n)	[ɔbsərvɑ'tʊrium]
télescope (m)	teleskop (n)	[tele'skʊp]
observer (vt)	å observere	[ɔ ɔbsɛr'verə]
explorer (un cosmos)	å utforske	[ɔ 'ʊtˌføʂkə]

75. La Terre

Terre (f)	Jorden	['juːrən]
globe (m) terrestre	jordklode (m)	['juːrˌklɔdə]
planète (f)	planet (m)	[pla'net]
atmosphère (f)	atmosfære (m)	[atmʊ'sfærə]
géographie (f)	geografi (m)	[geʊgra'fi]
nature (f)	natur (m)	[na'tʊr]
globe (m) de table	globus (m)	['glɔbʊs]
carte (f)	kart (n)	['kaːt]
atlas (m)	atlas (n)	['atlas]
Europe (f)	Europa	[ɛʉ'rʊpa]
Asie (f)	Asia	['asia]
Afrique (f)	Afrika	['afrika]
Australie (f)	Australia	[aʊ'stralia]
Amérique (f)	Amerika	[a'merika]
Amérique (f) du Nord	Nord-Amerika	['nʊːr a'merika]
Amérique (f) du Sud	Sør-Amerika	['sør a'merika]
l'Antarctique (m)	Antarktis	[an'tarktis]
l'Arctique (m)	Arktis	['arktis]

76. Les quatre parties du monde

nord (m)	nord (n)	['nʊːr]
vers le nord	mot nord	[mʊt 'nʊːr]

| au nord | i nord | [i 'nuːr] |
| du nord (adj) | nordlig | ['nuːrli] |

sud (m)	syd, sør	['syd], ['sør]
vers le sud	mot sør	[mʊt 'sør]
au sud	i sør	[i 'sør]
du sud (adj)	sydlig, sørlig	['sydli], ['søːli]

ouest (m)	vest (m)	['vɛst]
vers l'occident	mot vest	[mʊt 'vɛst]
à l'occident	i vest	[i 'vɛst]
occidental (adj)	vestlig, vest-	['vɛstli]

est (m)	øst (m)	['øst]
vers l'orient	mot øst	[mʊt 'øst]
à l'orient	i øst	[i 'øst]
oriental (adj)	østlig	['østli]

77. Les océans et les mers

mer (f)	hav (n)	['hɑv]
océan (m)	verdenshav (n)	[værdəns'hɑv]
golfe (m)	bukt (m/f)	['bʉkt]
détroit (m)	sund (n)	['sʉn]

terre (f) ferme	fastland (n)	['fast͵lɑn]
continent (m)	fastland, kontinent (n)	['fast͵lɑn], [kʊnti'nɛnt]
île (f)	øy (m/f)	['øj]
presqu'île (f)	halvøy (m/f)	['hɑl͵ø:j]
archipel (m)	skjærgård (m), arkipelag (n)	['ʂær͵gɔr], [arkipe'lɑg]

baie (f)	bukt (m/f)	['bʉkt]
port (m)	havn (m/f)	['hɑvn]
lagune (f)	lagune (m)	[lɑ'gʉnə]
cap (m)	nes (n), kapp (n)	['nes], ['kɑp]

atoll (m)	atoll (m)	[ɑ'tɔl]
récif (m)	rev (n)	['rev]
corail (m)	korall (m)	[kʊ'rɑl]
récif (m) de corail	korallrev (n)	[kʊ'rɑl͵rɛv]

profond (adj)	dyp	['dyp]
profondeur (f)	dybde (m)	['dybdə]
abîme (m)	avgrunn (m)	['ɑv͵grʉn]
fosse (f) océanique	dyphavsgrop (m/f)	['dyphɑfs͵grɔp]

| courant (m) | strøm (m) | ['strøm] |
| baigner (vt) (mer) | å omgi | [ɔ 'ɔm͵ji] |

| littoral (m) | kyst (m) | ['çyst] |
| côte (f) | kyst (m) | ['çyst] |

| marée (f) haute | flo (m/f) | ['flʊ] |
| marée (f) basse | ebbe (m), fjære (m/f) | ['ɛbə], ['fjærə] |

banc (m) de sable	sandbanke (m)	['san‚bankə]
fond (m)	bunn (m)	['bʉn]
vague (f)	bølge (m)	['bølgə]
crête (f) de la vague	bølgekam (m)	['bølgə‚kam]
mousse (f)	skum (n)	['skʉm]
tempête (f) en mer	storm (m)	['stɔrm]
ouragan (m)	orkan (m)	[ɔr'kan]
tsunami (m)	tsunami (m)	[tsʉ'nami]
calme (m)	stille (m/f)	['stilə]
calme (tranquille)	stille	['stilə]
pôle (m)	pol (m)	['pʉl]
polaire (adj)	pol-, polar	['pʉl-], [pʉ'lar]
latitude (f)	bredde, latitude (m)	['brɛdə], ['lati‚tʉdə]
longitude (f)	lengde (m/f)	['leŋdə]
parallèle (f)	breddegrad (m)	['brɛdə‚grad]
équateur (m)	ekvator (m)	[ɛ'kvatʉr]
ciel (m)	himmel (m)	['himəl]
horizon (m)	horisont (m)	[hʉri'sɔnt]
air (m)	luft (f)	['lʉft]
phare (m)	fyr (n)	['fyr]
plonger (vi)	å dykke	[ɔ 'dʏkə]
sombrer (vi)	å synke	[ɔ 'sʏnkə]
trésor (m)	skatter (m pl)	['skatər]

78. Les noms des mers et des océans

océan (m) Atlantique	Atlanterhavet	[at'lantər‚have]
océan (m) Indien	Indiahavet	['india‚have]
océan (m) Pacifique	Stillehavet	['stilə‚have]
océan (m) Glacial	Polhavet	['pɔl‚have]
mer (f) Noire	Svartehavet	['sva:ʈə‚have]
mer (f) Rouge	Rødehavet	['rødə‚have]
mer (f) Jaune	Gulehavet	['gʉlə‚have]
mer (f) Blanche	Kvitsjøen, Hvitehavet	['kvit‚ʂø:n], ['vit‚have]
mer (f) Caspienne	Kaspihavet	['kaspi‚have]
mer (f) Morte	Dødehavet	['dødə'have]
mer (f) Méditerranée	Middelhavet	['midəl‚have]
mer (f) Égée	Egeerhavet	[ɛ'ge:ər‚have]
mer (f) Adriatique	Adriahavet	['adria‚have]
mer (f) Arabique	Arabiahavet	[a'rabia‚have]
mer (f) du Japon	Japanhavet	['japan‚have]
mer (f) de Béring	Beringhavet	['beriŋ‚have]
mer (f) de Chine Méridionale	Sør-Kina-havet	['sør‚çina 'have]
mer (f) de Corail	Korallhavet	[kʉ'ral‚have]

mer (f) de Tasman	**Tasmanhavet**	[tɑsˈmanˌhɑve]
mer (f) Caraïbe	**Karibhavet**	[kɑˈribˌhɑve]
mer (f) de Barents	**Barentshavet**	[ˈbɑrɛnsˌhɑve]
mer (f) de Kara	**Karahavet**	[ˈkɑrɑˌhɑve]
mer (f) du Nord	**Nordsjøen**	[ˈnuːrˌʂøːn]
mer (f) Baltique	**Østersjøen**	[ˈøstəˌʂøːn]
mer (f) de Norvège	**Norskehavet**	[ˈnɔʂkəˌhɑve]

79. Les montagnes

montagne (f)	**fjell** (n)	[ˈfjɛl]
chaîne (f) de montagnes	**fjellkjede** (m)	[ˈfjɛlˌçɛːdə]
crête (f)	**fjellrygg** (m)	[ˈfjɛlˌrʏg]
sommet (m)	**topp** (m)	[ˈtɔp]
pic (m)	**tind** (m)	[ˈtin]
pied (m)	**fot** (m)	[ˈfʊt]
pente (f)	**skråning** (m)	[ˈskrɔniŋ]
volcan (m)	**vulkan** (m)	[vʉlˈkan]
volcan (m) actif	**virksom vulkan** (m)	[ˈvirksɔm vʉlˈkan]
volcan (m) éteint	**utslukt vulkan** (m)	[ˈʉtˌslʉkt vʉlˈkan]
éruption (f)	**utbrudd** (n)	[ˈʉtˌbrʉd]
cratère (m)	**krater** (n)	[ˈkrɑtər]
magma (m)	**magma** (m/n)	[ˈmɑgmɑ]
lave (f)	**lava** (m)	[ˈlɑvɑ]
en fusion (lave ~)	**glødende**	[ˈglødenə]
canyon (m)	**canyon** (m)	[ˈkanjən]
défilé (m) (gorge)	**gjel** (n), **kløft** (m)	[ˈjel], [ˈklœft]
crevasse (f)	**renne** (m/f)	[ˈrɛnə]
précipice (m)	**avgrunn** (m)	[ˈɑvˌgrʉn]
col (m) de montagne	**pass** (n)	[ˈpɑs]
plateau (m)	**platå** (n)	[plɑˈto]
rocher (m)	**klippe** (m)	[ˈklipə]
colline (f)	**ås** (m)	[ˈɔs]
glacier (m)	**bre, jøkel** (m)	[ˈbre], [ˈjøkəl]
chute (f) d'eau	**foss** (m)	[ˈfɔs]
geyser (m)	**geysir** (m)	[ˈgɛjsir]
lac (m)	**innsjø** (m)	[ˈinˈʂø]
plaine (f)	**slette** (m/f)	[ˈʂletə]
paysage (m)	**landskap** (n)	[ˈlɑnˌskɑp]
écho (m)	**ekko** (n)	[ˈɛkʊ]
alpiniste (m)	**alpinist** (m)	[ɑlpiˈnist]
varappeur (m)	**fjellklatrer** (m)	[ˈfjɛlˌklɑtrər]
conquérir (vt)	**å erobre**	[ɔ ɛˈrʊbrə]
ascension (f)	**bestigning** (m/f)	[beˈstigniŋ]

80. Les noms des chaînes de montagne

Alpes (f pl)	Alpene	['alpene]
Mont Blanc (m)	Mont Blanc	[ˌmɔn'blɑn]
Pyrénées (f pl)	Pyreneene	[pyre'ne:ene]
Carpates (f pl)	Karpatene	[kar'patene]
Monts Oural (m pl)	Uralfjellene	[ʉ'ral ˌfjɛlene]
Caucase (m)	Kaukasus	['kaʉkasʉs]
Elbrous (m)	Elbrus	[ɛl'brʉs]
Altaï (m)	Altaj	[al'taj]
Tian Chan (m)	Tien Shan	[ti'enˌsan]
Pamir (m)	Pamir	[pɑ'mir]
Himalaya (m)	Himalaya	[himɑ'laja]
Everest (m)	Everest	['ɛve'rɛst]
Andes (f pl)	Andes	['andes]
Kilimandjaro (m)	Kilimanjaro	[kilimɑn'dʂarʉ]

81. Les fleuves

rivière (f), fleuve (m)	elv (m/f)	['ɛlv]
source (f)	kilde (m)	['çilde]
lit (m) (d'une rivière)	elveleie (n)	['ɛlveˌlæje]
bassin (m)	flodbasseng (n)	['flʉd baˌseŋ]
se jeter dans ...	å munne ut ...	[ɔ 'mʉne ʉt ...]
affluent (m)	bielv (m/f)	['biˌelv]
rive (f)	bredd (m)	['brɛd]
courant (m)	strøm (m)	['strøm]
en aval	medstrøms	['meˌstrøms]
en amont	motstrøms	['mʉtˌstrøms]
inondation (f)	oversvømmelse (m)	['ɔveˌsvœmelse]
les grandes crues	flom (m)	['flɔm]
déborder (vt)	å overflø	[ɔ 'ɔverˌflø]
inonder (vt)	å oversvømme	[ɔ 'ɔveˌsvœme]
bas-fond (m)	grunne (m/f)	['grʉne]
rapide (m)	stryk (m/n)	['stryk]
barrage (m)	demning (m)	['dɛmniŋ]
canal (m)	kanal (m)	[ka'nal]
lac (m) de barrage	reservoar (n)	[resɛrvʉ'ar]
écluse (f)	sluse (m)	['ʂlʉse]
plan (m) d'eau	vannmasse (m)	['vanˌmase]
marais (m)	myr, sump (m)	['myr], ['sʉmp]
fondrière (f)	hengemyr (m)	['hɛŋeˌmyr]
tourbillon (m)	virvel (m)	['virvel]
ruisseau (m)	bekk (m)	['bɛk]

| potable (adj) | drikke- | ['drikə-] |
| douce (l'eau ~) | fersk- | ['fæʂk-] |

| glace (f) | is (m) | ['is] |
| être gelé | å fryse til | [ɔ 'frysə til] |

82. Les noms des fleuves

| Seine (f) | Seine | ['sɛːn] |
| Loire (f) | Loire | [lu'ɑːr] |

Tamise (f)	Themsen	['tɛmsən]
Rhin (m)	Rhinen	['riːnən]
Danube (m)	Donau	['dɔnaʊ]

Volga (f)	Volga	['vɔlgɑ]
Don (m)	Don	['dɔn]
Lena (f)	Lena	['lenɑ]

Huang He (m)	Huang He	[ˌhwɑn'hɛ]
Yangzi Jiang (m)	Yangtze	['jɑŋtse]
Mékong (m)	Mekong	[me'kɔŋ]
Gange (m)	Ganges	['gɑŋes]

Nil (m)	Nilen	['nilən]
Congo (m)	Kongo	['kɔngʊ]
Okavango (m)	Okavango	[ʊkɑ'vangʊ]
Zambèze (m)	Zambezi	[sɑm'besi]
Limpopo (m)	Limpopo	[limpɔ'pɔ]
Mississippi (m)	Mississippi	['misi'sipi]

83. La forêt

| forêt (f) | skog (m) | ['skʊg] |
| forestier (adj) | skog- | ['skʊg-] |

fourré (m)	tett skog (n)	['tɛt ˌskʊg]
bosquet (m)	lund (m)	['lʉn]
clairière (f)	glenne (m/f)	['glenə]

| broussailles (f pl) | krattskog (m) | ['krɑtˌskʊg] |
| taillis (m) | kratt (n) | ['krɑt] |

| sentier (m) | sti (m) | ['sti] |
| ravin (m) | ravine (m) | [rɑ'vinə] |

arbre (m)	tre (n)	['trɛ]
feuille (f)	blad (n)	['blɑ]
feuillage (m)	løv (n)	['løv]

| chute (f) de feuilles | løvfall (n) | ['løvˌfal] |
| tomber (feuilles) | å falle | [ɔ 'falə] |

sommet (m)	tretopp (m)	['trɛˌtɔp]
rameau (m)	kvist, gren (m)	['kvist], ['gren]
branche (f)	gren, grein (m/f)	['gren], ['græjn]
bourgeon (m)	knopp (m)	['knɔp]
aiguille (f)	nål (m/f)	['nɔl]
pomme (f) de pin	kongle (m/f)	['kʊŋlə]
creux (m)	trehull (n)	['trɛˌhʉl]
nid (m)	reir (n)	['ræjr]
terrier (m) (~ d'un renard)	hule (m/f)	['hʉlə]
tronc (m)	stamme (m)	['stɑmə]
racine (f)	rot (m/f)	['rʊt]
écorce (f)	bark (m)	['bɑrk]
mousse (f)	mose (m)	['mʊsə]
déraciner (vt)	å rykke opp med roten	[ɔ 'rʏkə ɔp me 'rutən]
abattre (un arbre)	å felle	[ɔ 'fɛlə]
déboiser (vt)	å hogge ned	[ɔ 'hɔgə 'ne]
souche (f)	stubbe (m)	['stʉbə]
feu (m) de bois	bål (n)	['bɔl]
incendie (m)	skogbrann (m)	['skʊgˌbrɑn]
éteindre (feu)	å slokke	[ɔ 'ʂløkə]
garde (m) forestier	skogvokter (m)	['skʊgˌvɔktər]
protection (f)	vern (n), beskyttelse (m)	['væːn], ['beˌʂytəlsə]
protéger (vt)	å beskytte	[ɔ be'ʂytə]
braconnier (m)	tyvskytter (m)	['tyfˌʂytər]
piège (m) à mâchoires	saks (m/f)	['sɑks]
cueillir (vt)	å plukke	[ɔ 'plʉkə]
s'égarer (vp)	å gå seg vill	[ɔ 'gɔ sæj 'vil]

84. Les ressources naturelles

ressources (f pl) naturelles	naturressurser (m pl)	[nɑ'tʉr rɛ'sʉʂər]
minéraux (m pl)	mineraler (n pl)	[minə'rɑlər]
gisement (m)	forekomster (m pl)	['fɔrəˌkɔmstər]
champ (m) (~ pétrolifère)	felt (m)	['fɛlt]
extraire (vt)	å utvinne	[ɔ 'ʉtˌvinə]
extraction (f)	utvinning (m/f)	['ʉtˌviniŋ]
minerai (m)	malm (m)	['mɑlm]
mine (f) (site)	gruve (m/f)	['grʉvə]
puits (m) de mine	gruvesjakt (m/f)	['grʉvəˌʂɑkt]
mineur (m)	gruvearbeider (m)	['grʉvə'arˌbæjdər]
gaz (m)	gass (m)	['gɑs]
gazoduc (m)	gassledning (m)	['gɑsˌledniŋ]
pétrole (m)	olje (m)	['ɔljə]
pipeline (m)	oljeledning (m)	['ɔljəˌledniŋ]
tour (f) de forage	oljebrønn (m)	['ɔljəˌbrœn]

derrick (m)	boretårn (n)	['boːrəˌtoːrŋ]
pétrolier (m)	tankskip (n)	['tankˌʂip]
sable (m)	sand (m)	['san]
calcaire (m)	kalkstein (m)	['kalkˌstæjn]
gravier (m)	grus (m)	['grʉs]
tourbe (f)	torv (m/f)	['tɔrv]
argile (f)	leir (n)	['læjr]
charbon (m)	kull (n)	['kʉl]
fer (m)	jern (n)	['jæːrŋ]
or (m)	gull (n)	['gʉl]
argent (m)	sølv (n)	['søl]
nickel (m)	nikkel (m)	['nikəl]
cuivre (m)	kobber (n)	['kɔbər]
zinc (m/n)	sink (m/n)	['sink]
manganèse (m)	mangan (m/n)	[ma'ŋan]
mercure (m)	kvikksølv (n)	['kvikˌsøl]
plomb (m)	bly (n)	['bly]
minéral (m)	mineral (n)	[minə'ral]
cristal (m)	krystall (m/n)	[kry'stal]
marbre (m)	marmor (m/n)	['marmʉr]
uranium (m)	uran (m/n)	[ʉ'ran]

85. Le temps

temps (m)	vær (n)	['vær]
météo (f)	værvarsel (n)	['værˌvaʂəl]
température (f)	temperatur (m)	[tɛmpəra'tʉr]
thermomètre (m)	termometer (n)	[tɛrmʉ'metər]
baromètre (m)	barometer (n)	[barʉ'metər]
humide (adj)	fuktig	['fʉkti]
humidité (f)	fuktighet (m)	['fʉktiˌhet]
chaleur (f) (canicule)	hete (m)	['heːtə]
torride (adj)	het	['het]
il fait très chaud	det er hett	[de ær 'het]
il fait chaud	det er varmt	[de ær 'varmt]
chaud (modérément)	varm	['varm]
il fait froid	det er kaldt	[de ær 'kalt]
froid (adj)	kald	['kal]
soleil (m)	sol (m/f)	['sʉl]
briller (soleil)	å skinne	[ɔ 'ʂinə]
ensoleillé (jour ~)	solrik	['sʉlˌrik]
se lever (vp)	å gå opp	[ɔ 'gɔ ɔp]
se coucher (vp)	å gå ned	[ɔ 'gɔ ne]
nuage (m)	sky (m)	['ʂy]
nuageux (adj)	skyet	['ʂyːət]

nuée (f)	regnsky (m/f)	['ræjn‚ʂy]
sombre (adj)	mørk	['mœrk]
pluie (f)	regn (n)	['ræjn]
il pleut	det regner	[de 'ræjnər]
pluvieux (adj)	regnværs-	['ræjn‚væʂ-]
bruiner (v imp)	å småregne	[ɔ 'smɔ:ræjnə]
pluie (f) torrentielle	piskende regn (n)	['piskenə ‚ræjn]
averse (f)	styrtregn (n)	['sty:t‚ræjn]
forte (la pluie ~)	kraftig, sterk	['krɑfti], ['stærk]
flaque (f)	vannpytt (m)	['vɑn‚pʏt]
se faire mouiller	å bli våt	[ɔ 'bli 'vɔt]
brouillard (m)	tåke (m/f)	['to:kə]
brumeux (adj)	tåke	['to:kə]
neige (f)	snø (m)	['snø]
il neige	det snør	[de 'snør]

86. Les intempéries. Les catastrophes naturelles

orage (m)	tordenvær (n)	['tʊrdən‚vær]
éclair (m)	lyn (n)	['lyn]
éclater (foudre)	å glimte	[ɔ 'glimtə]
tonnerre (m)	torden (m)	['tʊrdən]
gronder (tonnerre)	å tordne	[ɔ 'tʊrdnə]
le tonnerre gronde	det tordner	[de 'tʊrdnər]
grêle (f)	hagle (m/f)	['hɑglə]
il grêle	det hagler	[de 'hɑglər]
inonder (vt)	å oversvømme	[ɔ 'ɔvə‚svœmə]
inondation (f)	oversvømmelse (m)	['ɔvə‚svœmelsə]
tremblement (m) de terre	jordskjelv (n)	['ju:r‚ʂɛlv]
secousse (f)	skjelv (n)	['ʂɛlv]
épicentre (m)	episenter (n)	[ɛpi'sɛntər]
éruption (f)	utbrudd (n)	['ʉt‚brʉd]
lave (f)	lava (m)	['lɑvɑ]
tourbillon (m)	skypumpe (m/f)	['ʂy‚pʉmpə]
tornade (f)	tornado (m)	[tʊ:'nɑdʉ]
typhon (m)	tyfon (m)	[ty'fʊn]
ouragan (m)	orkan (m)	[ɔr'kɑn]
tempête (f)	storm (m)	['stɔrm]
tsunami (m)	tsunami (m)	[tsʉ'nɑmi]
cyclone (m)	syklon (m)	[sy'klun]
intempéries (f pl)	uvær (n)	['ʉ:‚vær]
incendie (m)	brann (m)	['brɑn]
catastrophe (f)	katastrofe (m)	[kɑtɑ'strɔfə]

météorite (m)	**meteoritt** (m)	[meteʊ'rit]
avalanche (f)	**lavine** (m)	[la'vinə]
éboulement (m)	**snøskred, snøras** (n)	['snøˌskred], ['snøras]
blizzard (m)	**snøstorm** (m)	['snøˌstɔrm]
tempête (f) de neige	**snøstorm** (m)	['snøˌstɔrm]

LA FAUNE

87. Les mammifères. Les prédateurs

prédateur (m)	rovdyr (n)	['rɔv͵dyr]
tigre (m)	tiger (m)	['tigər]
lion (m)	løve (m/f)	['løve]
loup (m)	ulv (m)	['ʉlv]
renard (m)	rev (m)	['rev]
jaguar (m)	jaguar (m)	[jagʉ'ɑr]
léopard (m)	leopard (m)	[leʉ'pɑrd]
guépard (m)	gepard (m)	[ge'pɑrd]
panthère (f)	panter (m)	['pantər]
puma (m)	puma (m)	['pʉma]
léopard (m) de neiges	snøleopard (m)	['snø leʉ'pɑrd]
lynx (m)	gaupe (m/f)	['gaʉpe]
coyote (m)	coyote, prærieulv (m)	[kɔ'jote], ['præri͵ʉlv]
chacal (m)	sjakal (m)	[ʂa'kal]
hyène (f)	hyene (m)	[hy'ene]

88. Les animaux sauvages

animal (m)	dyr (n)	['dyr]
bête (f)	best, udyr (n)	['bɛst], ['ʉ͵dyr]
écureuil (m)	ekorn (n)	['ɛkʉ:ɳ]
hérisson (m)	pinnsvin (n)	['pin͵svin]
lièvre (m)	hare (m)	['hɑre]
lapin (m)	kanin (m)	[ka'nin]
blaireau (m)	grevling (m)	['grɛvliŋ]
raton (m)	vaskebjørn (m)	['vaske͵bjœ:ɳ]
hamster (m)	hamster (m)	['hamstər]
marmotte (f)	murmeldyr (n)	['mʉrmel͵dyr]
taupe (f)	muldvarp (m)	['mʉl͵vɑrp]
souris (f)	mus (m/f)	['mʉs]
rat (m)	rotte (m/f)	['rote]
chauve-souris (f)	flaggermus (m/f)	['flagər͵mʉs]
hermine (f)	røyskatt (m)	['røjskat]
zibeline (f)	sobel (m)	['sʉbel]
martre (f)	mår (m)	['mɔr]
belette (f)	snømus (m/f)	['snø͵mʉs]
vison (m)	mink (m)	['mink]

| castor (m) | bever (m) | ['bevər] |
| loutre (f) | oter (m) | ['ʊtər] |

cheval (m)	hest (m)	['hɛst]
élan (m)	elg (m)	['ɛlg]
cerf (m)	hjort (m)	['jɔ:t]
chameau (m)	kamel (m)	[ka'mel]

bison (m)	bison (m)	['bisɔn]
aurochs (m)	urokse (m)	['ʉrˌʊksə]
buffle (m)	bøffel (m)	['bøfəl]

zèbre (m)	sebra (m)	['sebra]
antilope (f)	antilope (m)	[anti'lʊpə]
chevreuil (m)	rådyr (n)	['rɔˌdyr]
biche (f)	dåhjort, dådyr (n)	['dɔˌjɔ:t], ['dɔˌdyr]
chamois (m)	gemse (m)	['gɛmsə]
sanglier (m)	villsvin (n)	['vilˌsvin]

baleine (f)	hval (m)	['val]
phoque (m)	sel (m)	['sel]
morse (m)	hvalross (m)	['valˌrɔs]
ours (m) de mer	pelssel (m)	['pɛlsˌsel]
dauphin (m)	delfin (m)	[dɛl'fin]

ours (m)	bjørn (m)	['bjœ:ɳ]
ours (m) blanc	isbjørn (m)	['isˌbjœ:ɳ]
panda (m)	panda (m)	['panda]

singe (m)	ape (m/f)	['ape]
chimpanzé (m)	sjimpanse (m)	[ʂim'pansə]
orang-outang (m)	orangutang (m)	[ʊ'rangʉˌtaŋ]
gorille (m)	gorilla (m)	[gɔ'rila]
macaque (m)	makak (m)	[ma'kak]
gibbon (m)	gibbon (m)	['gibʊn]

éléphant (m)	elefant (m)	[ɛle'fant]
rhinocéros (m)	neshorn (n)	['nesˌhʊ:ɳ]
girafe (f)	sjiraff (m)	[ʂi'raf]
hippopotame (m)	flodhest (m)	['flʊdˌhɛst]

| kangourou (m) | kenguru (m) | ['kɛŋgʉrʉ] |
| koala (m) | koala (m) | [kʊ'ala] |

mangouste (f)	mangust, mungo (m)	[man'gʉst], ['mʉŋgu]
chinchilla (m)	chinchilla (m)	[ʂin'ʂila]
mouffette (f)	skunk (m)	['skunk]
porc-épic (m)	hulepinnsvin (n)	['hʉləˌpinsvin]

89. Les animaux domestiques

chat (m) (femelle)	katt (m)	['kat]
chat (m) (mâle)	hannkatt (m)	['hanˌkat]
chien (m)	hund (m)	['hʉn]

cheval (m)	hest (m)	['hɛst]
étalon (m)	hingst (m)	['hiŋst]
jument (f)	hoppe, merr (m/f)	['hɔpə], ['mɛr]

vache (f)	ku (f)	['kʉ]
taureau (m)	tyr (m)	['tyr]
bœuf (m)	okse (m)	['ɔksə]

brebis (f)	sau (m)	['saʉ]
mouton (m)	vær, saubukk (m)	['vær], ['saʉˌbʉk]
chèvre (f)	geit (m/f)	['jæjt]
bouc (m)	geitebukk (m)	['jæjtəˌbʉk]

| âne (m) | esel (n) | ['ɛsəl] |
| mulet (m) | muldyr (n) | ['mʉlˌdyr] |

cochon (m)	svin (n)	['svin]
pourceau (m)	gris (m)	['gris]
lapin (m)	kanin (m)	[ka'nin]

| poule (f) | høne (m/f) | ['hønə] |
| coq (m) | hane (m) | ['hanə] |

canard (m)	and (m/f)	['an]
canard (m) mâle	andrik (m)	['andrik]
oie (f)	gås (m/f)	['gɔs]

| dindon (m) | kalkunhane (m) | [kal'kʉnˌhanə] |
| dinde (f) | kalkunhøne (m/f) | [kal'kʉnˌhønə] |

animaux (m pl) domestiques	husdyr (n pl)	['hʉsˌdyr]
apprivoisé (adj)	tam	['tam]
apprivoiser (vt)	å temme	[ɔ 'tɛmə]
élever (vt)	å avle, å oppdrette	[ɔ 'avlə], [ɔ 'ɔpˌdrɛtə]

ferme (f)	farm, gård (m)	['farm], ['gɔːr]
volaille (f)	fjærfe (n)	['fjærˌfɛ]
bétail (m)	kveg (n)	['kvɛg]
troupeau (m)	flokk, bøling (m)	['flɔk], ['bøliŋ]

écurie (f)	stall (m)	['stal]
porcherie (f)	grisehus (n)	['grisəˌhʉs]
vacherie (f)	kufjøs (m/n)	['kuˌfjøs]
cabane (f) à lapins	kaninbur (n)	[ka'ninˌbʉr]
poulailler (m)	hønsehus (n)	['hønsəˌhʉs]

90. Les oiseaux

oiseau (m)	fugl (m)	['fʉl]
pigeon (m)	due (m/f)	['dʉə]
moineau (m)	spurv (m)	['spʉrv]
mésange (f)	kjøttmeis (m/f)	['çœtˌmæjs]
pie (f)	skjære (m/f)	['şærə]
corbeau (m)	ravn (m)	['ravn]

corneille (f)	**kråke** (m)	['kroːkə]
choucas (m)	**kaie** (m/f)	['kajə]
freux (m)	**kornkråke** (m/f)	['kʉːn̩ˌkroːkə]
canard (m)	**and** (m/f)	['ɑn]
oie (f)	**gås** (m/f)	['gɔs]
faisan (m)	**fasan** (m)	[fa'sɑn]
aigle (m)	**ørn** (m/f)	['œːn̩]
épervier (m)	**hauk** (m)	['hɑʉk]
faucon (m)	**falk** (m)	['fɑlk]
vautour (m)	**gribb** (m)	['grib]
condor (m)	**kondor** (m)	[kʉn'dʉr]
cygne (m)	**svane** (m/f)	['svɑnə]
grue (f)	**trane** (m/f)	['trɑnə]
cigogne (f)	**stork** (m)	['stɔrk]
perroquet (m)	**papegøye** (m)	[pape'gøjə]
colibri (m)	**kolibri** (m)	[kʉ'libri]
paon (m)	**påfugl** (m)	['pɔˌfʉl]
autruche (f)	**struts** (m)	['strʉts]
héron (m)	**hegre** (m)	['hæjrə]
flamant (m)	**flamingo** (m)	[fla'mingʉ]
pélican (m)	**pelikan** (m)	[peli'kɑn]
rossignol (m)	**nattergal** (m)	['nɑtərˌgɑl]
hirondelle (f)	**svale** (m/f)	['svɑlə]
merle (m)	**trost** (m)	['trʉst]
grive (f)	**måltrost** (m)	['moːlˌtrʉst]
merle (m) noir	**svarttrost** (m)	['svɑːˌtrʉst]
martinet (m)	**tårnseiler** (m), **tårnsvale** (m/f)	['tɔːn̩ˌsæjlə], ['tɔːn̩ˌsvɑlə]
alouette (f) des champs	**lerke** (m/f)	['lærkə]
caille (f)	**vaktel** (m)	['vɑktəl]
pivert (m)	**hakkespett** (m)	['hɑkəˌspɛt]
coucou (m)	**gjøk, gauk** (m)	['jøk], ['gɑʉk]
chouette (f)	**ugle** (m/f)	['ʉglə]
hibou (m)	**hubro** (m)	['hʉbrʉ]
tétras (m)	**storfugl** (m)	['stʉrˌfʉl]
tétras-lyre (m)	**orrfugl** (m)	['ɔrˌfʉl]
perdrix (f)	**rapphøne** (m/f)	['rɑpˌhønə]
étourneau (m)	**stær** (m)	['stær]
canari (m)	**kanarifugl** (m)	[ka'nɑriˌfʉl]
gélinotte (f) des bois	**jerpe** (m/f)	['jærpə]
pinson (m)	**bokfink** (m)	['bʉkˌfink]
bouvreuil (m)	**dompap** (m)	['dʉmpɑp]
mouette (f)	**måke** (m/f)	['moːkə]
albatros (m)	**albatross** (m)	['ɑlbaˌtrɔs]
pingouin (m)	**pingvin** (m)	[piŋ'vin]

91. Les poissons. Les animaux marins

brème (f)	brasme (m/f)	['brɑsmə]
carpe (f)	karpe (m)	['kɑrpə]
perche (f)	åbor (m)	['obɔr]
silure (m)	malle (m)	['malə]
brochet (m)	gjedde (m/f)	['jɛdə]
saumon (m)	laks (m)	['lɑks]
esturgeon (m)	stør (m)	['stør]
hareng (m)	sild (m/f)	['sil]
saumon (m) atlantique	atlanterhavslaks (m)	[at'lantərhafsˌlaks]
maquereau (m)	makrell (m)	[ma'krɛl]
flet (m)	rødspette (m/f)	['røˌspɛtə]
sandre (f)	gjørs (m)	['jøːʂ]
morue (f)	torsk (m)	['tɔʂk]
thon (m)	tunfisk (m)	['tʉnˌfisk]
truite (f)	ørret (m)	['øret]
anguille (f)	ål (m)	['ɔl]
torpille (f)	elektrisk rokke (m/f)	[ɛ'lektrisk ˌrɔkə]
murène (f)	murene (m)	[mʉ'rɛnə]
piranha (m)	piraja (m)	[pi'raja]
requin (m)	hai (m)	['haj]
dauphin (m)	delfin (m)	[dɛl'fin]
baleine (f)	hval (m)	['val]
crabe (m)	krabbe (m)	['krabə]
méduse (f)	manet (m/f), meduse (m)	['manet], [me'dʉsə]
pieuvre (f), poulpe (m)	blekksprut (m)	['blekˌsprʉt]
étoile (f) de mer	sjøstjerne (m/f)	['ʂøˌstjæːŋə]
oursin (m)	sjøpinnsvin (n)	['ʂøːˈpinˌsvin]
hippocampe (m)	sjøhest (m)	['ʂøˌhɛst]
huître (f)	østers (m)	['østəʂ]
crevette (f)	reke (m/f)	['rekə]
homard (m)	hummer (m)	['hʉmər]
langoustine (f)	langust (m)	[laŋ'gʉst]

92. Les amphibiens. Les reptiles

serpent (m)	slange (m)	['ʂlaŋə]
venimeux (adj)	giftig	['jifti]
vipère (f)	hoggorm, huggorm (m)	['hʉgˌɔrm], ['hʉgˌɔrm]
cobra (m)	kobra (m)	['kʉbra]
python (m)	pyton (m)	['pytɔn]
boa (m)	boaslange (m)	['bɔaˌslaŋə]
couleuvre (f)	snok (m)	['snʉk]

serpent (m) à sonnettes	klapperslange (m)	['klapə,slaŋə]
anaconda (m)	anakonda (m)	[ana'kɔnda]
lézard (m)	øgle (m/f)	['øglə]
iguane (m)	iguan (m)	[igʉ'an]
varan (m)	varan (n)	[va'ran]
salamandre (f)	salamander (m)	[sala'mandər]
caméléon (m)	kameleon (m)	[kamələ'ʉn]
scorpion (m)	skorpion (m)	[skɔrpi'ʉn]
tortue (f)	skilpadde (m/f)	['ʂil,padə]
grenouille (f)	frosk (m)	['frɔsk]
crapaud (m)	padde (m/f)	['padə]
crocodile (m)	krokodille (m)	[krʉkə'dilə]

93. Les insectes

insecte (m)	insekt (n)	['insɛkt]
papillon (m)	sommerfugl (m)	['sɔmər,fʉl]
fourmi (f)	maur (m)	['maʉr]
mouche (f)	flue (m/f)	['flʉə]
moustique (m)	mygg (m)	['myg]
scarabée (m)	bille (m)	['bilə]
guêpe (f)	veps (m)	['vɛps]
abeille (f)	bie (m/f)	['biə]
bourdon (m)	humle (m/f)	['hʉmlə]
œstre (m)	brems (m)	['brɛms]
araignée (f)	edderkopp (m)	['ɛdər,kɔp]
toile (f) d'araignée	edderkoppnett (n)	['ɛdərkɔp,nɛt]
libellule (f)	øyenstikker (m)	['øjən,stikər]
sauterelle (f)	gresshoppe (m/f)	['grɛs,hɔpə]
papillon (m)	nattsvermer (m)	['nat,sværmər]
cafard (m)	kakerlakk (m)	[kakə'lak]
tique (f)	flått, midd (m)	['flɔt], ['mid]
puce (f)	loppe (f)	['lɔpə]
moucheron (m)	knott (m)	['knɔt]
criquet (m)	vandgresshoppe (m/f)	['van 'grɛs,hɔpə]
escargot (m)	snegl (m)	['snæjl]
grillon (m)	siriss (m)	['si,ris]
luciole (f)	ildflue (m/f), lysbille (m)	['il,flʉə], ['lys,bilə]
coccinelle (f)	marihøne (m/f)	['mari,hønə]
hanneton (m)	oldenborre (f)	['ɔldən,bɔrə]
sangsue (f)	igle (m/f)	['iglə]
chenille (f)	sommerfugllarve (m/f)	['sɔmərfʉl,larvə]
ver (m)	meitemark (m)	['mæjtə,mark]
larve (f)	larve (m/f)	['larvə]

LA FLORE

94. Les arbres

arbre (m)	tre (n)	['trɛ]
à feuilles caduques	løv-	['løv-]
conifère (adj)	bar-	['bar-]
à feuilles persistantes	eviggrønt	['ɛvi‚grœnt]
pommier (m)	epletre (n)	['ɛplə‚trɛ]
poirier (m)	pæretre (n)	['pærə‚trɛ]
merisier (m)	morelltre (n)	[mʉ'rɛl‚trɛ]
cerisier (m)	kirsebærtre (n)	['çiʂəbær‚trɛ]
prunier (m)	plommetre (n)	['plʉmə‚trɛ]
bouleau (m)	bjørk (f)	['bjœrk]
chêne (m)	eik (f)	['æjk]
tilleul (m)	lind (m/f)	['lin]
tremble (m)	osp (m/f)	['ɔsp]
érable (m)	lønn (m/f)	['lœn]
épicéa (m)	gran (m/f)	['gran]
pin (m)	furu (m/f)	['fʉrʉ]
mélèze (m)	lerk (m)	['lærk]
sapin (m)	edelgran (m/f)	['ɛdəl‚gran]
cèdre (m)	seder (m)	['sedər]
peuplier (m)	poppel (m)	['pɔpəl]
sorbier (m)	rogn (m/f)	['rɔŋn]
saule (m)	pil (m/f)	['pil]
aune (m)	or, older (m/f)	['ʊr], ['ɔldər]
hêtre (m)	bøk (m)	['bøk]
orme (m)	alm (m)	['alm]
frêne (m)	ask (m/f)	['ask]
marronnier (m)	kastanjetre (n)	[ka'stanje‚trɛ]
magnolia (m)	magnolia (m)	[maŋ'nʉlia]
palmier (m)	palme (m)	['palmə]
cyprès (m)	sypress (m)	[sʏ'prɛs]
palétuvier (m)	mangrove (m)	[maŋ'grʊvə]
baobab (m)	apebrødtre (n)	['apebrø‚trɛ]
eucalyptus (m)	eukalyptus (m)	[ɛvka'lyptʉs]
séquoia (m)	sequoia (m)	['sek‚vɔja]

95. Les arbustes

buisson (m)	busk (m)	['bʉsk]
arbrisseau (m)	busk (m)	['bʉsk]

| vigne (f) | vinranke (m) | ['vin,rankə] |
| vigne (f) (vignoble) | vinmark (m/f) | ['vin,mark] |

framboise (f)	bringebærbusk (m)	['briŋə,bær busk]
cassis (m)	solbærbusk (m)	['sulbær,busk]
groseille (f) rouge	ripsbusk (m)	['rips,busk]
groseille (f) verte	stikkelsbærbusk (m)	['stikəlsbær,busk]

acacia (m)	akasie (m)	[a'kasiə]
berbéris (m)	berberis (m)	['bærberis]
jasmin (m)	sjasmin (m)	[şas'min]

genévrier (m)	einer (m)	['æjnər]
rosier (m)	rosenbusk (m)	['rusən,busk]
églantier (m)	steinnype (m/f)	['stæjn,nypə]

96. Les fruits. Les baies

fruit (m)	frukt (m/f)	['frukt]
fruits (m pl)	frukter (m/f pl)	['fruktər]
pomme (f)	eple (n)	['ɛplə]
poire (f)	pære (m/f)	['pærə]
prune (f)	plomme (m/f)	['plumə]

fraise (f)	jordbær (n)	['ju:r,bær]
cerise (f)	kirsebær (n)	['çişə,bær]
merise (f)	morell (m)	[mu'rɛl]
raisin (m)	drue (m)	['druə]

framboise (f)	bringebær (n)	['briŋə,bær]
cassis (m)	solbær (n)	['sul,bær]
groseille (f) rouge	rips (m)	['rips]
groseille (f) verte	stikkelsbær (n)	['stikəls,bær]
canneberge (f)	tranebær (n)	['tranə,bær]

orange (f)	appelsin (m)	[apel'sin]
mandarine (f)	mandarin (m)	[manda'rin]
ananas (m)	ananas (m)	['ananas]

| banane (f) | banan (m) | [ba'nan] |
| datte (f) | daddel (m) | ['dadəl] |

citron (m)	sitron (m)	[si'trun]
abricot (m)	aprikos (m)	[apri'kus]
pêche (f)	fersken (m)	['fæşkən]

| kiwi (m) | kiwi (m) | ['kivi] |
| pamplemousse (m) | grapefrukt (m/f) | ['grɛjp,frukt] |

baie (f)	bær (n)	['bær]
baies (f pl)	bær (n pl)	['bær]
airelle (f) rouge	tyttebær (n)	['tytə,bær]
fraise (f) des bois	markjordbær (n)	['mark ju:r,bær]
myrtille (f)	blåbær (n)	['blo,bær]

97. Les fleurs. Les plantes

fleur (f)	blomst (m)	['blɔmst]
bouquet (m)	bukett (m)	[bʉ'kɛt]
rose (f)	rose (m/f)	['rʉsə]
tulipe (f)	tulipan (m)	[tʉli'pɑn]
oeillet (m)	nellik (m)	['nɛlik]
glaïeul (m)	gladiolus (m)	[glɑdi'ɔlʉs]
bleuet (m)	kornblomst (m)	['kʉːɳ̩blɔmst]
campanule (f)	blåklokke (m/f)	['blɔˌklɔkə]
dent-de-lion (f)	løvetann (m/f)	['løvəˌtɑn]
marguerite (f)	kamille (m)	[kɑ'milə]
aloès (m)	aloe (m)	['ɑlʉe]
cactus (m)	kaktus (m)	['kɑktʉs]
ficus (m)	gummiplante (m/f)	['gʉmiˌplɑntə]
lis (m)	lilje (m)	['liljə]
géranium (m)	geranium (m)	[ge'rɑnium]
jacinthe (f)	hyasint (m)	[hiɑ'sint]
mimosa (m)	mimose (m/f)	[mi'mɔsə]
jonquille (f)	narsiss (m)	[nɑ'ʂis]
capucine (f)	blomkarse (m)	['blɔmˌkɑʂə]
orchidée (f)	orkidé (m)	[ɔrki'de]
pivoine (f)	peon, pion (m)	[pe'ʉn], [pi'ʉn]
violette (f)	fiol (m)	[fi'ʉl]
pensée (f)	stemorsblomst (m)	['stemʉʂˌblɔmst]
myosotis (m)	forglemmegei (m)	[for'gleməˌjæj]
pâquerette (f)	tusenfryd (m)	['tʉsənˌfryd]
coquelicot (m)	valmue (m)	['vɑlmʉə]
chanvre (m)	hamp (m)	['hɑmp]
menthe (f)	mynte (m/f)	['mʏntə]
muguet (m)	liljekonvall (m)	['liljə kɔn'vɑl]
perce-neige (f)	snøklokke (m/f)	['snøˌklɔkə]
ortie (f)	nesle (m/f)	['nɛslə]
oseille (f)	syre (m/f)	['syrə]
nénuphar (m)	nøkkerose (m/f)	['nøkəˌrʉse]
fougère (f)	bregne (m/f)	['brɛjnə]
lichen (m)	lav (m/n)	['lɑv]
serre (f) tropicale	drivhus (n)	['drivˌhʉs]
gazon (m)	gressplen (m)	['grɛsˌplen]
parterre (m) de fleurs	blomsterbed (n)	['blɔmstərˌbed]
plante (f)	plante (m/f), vekst (m)	['plɑntə], ['vɛkst]
herbe (f)	gras (n)	['grɑs]
brin (m) d'herbe	grasstrå (n)	['grɑsˌstrɔ]

feuille (f)	**blad** (n)	['blɑ]
pétale (m)	**kronblad** (n)	['krɔnˌblɑ]
tige (f)	**stilk** (m)	['stilk]
tubercule (m)	**rotknoll** (m)	['rʊtˌknɔl]
pousse (f)	**spire** (m/f)	['spirə]
épine (f)	**torn** (m)	['tʊːɳ]
fleurir (vi)	**å blomstre**	[ɔ 'blɔmstrə]
se faner (vp)	**å visne**	[ɔ 'visnə]
odeur (f)	**lukt** (m/f)	['lʉkt]
couper (vt)	**å skjære av**	[ɔ 'ʂæːrə ɑː]
cueillir (fleurs)	**å plukke**	[ɔ 'plʉkə]

98. Les céréales

grains (m pl)	**korn** (n)	['kʉːɳ]
céréales (f pl) (plantes)	**cerealer** (n pl)	[sere'ɑlər]
épi (m)	**aks** (n)	['ɑks]
blé (m)	**hvete** (m)	['vetə]
seigle (m)	**rug** (m)	['rʉg]
avoine (f)	**havre** (m)	['hɑvrə]
millet (m)	**hirse** (m)	['hiʂə]
orge (f)	**bygg** (m/n)	['bʏg]
maïs (m)	**mais** (m)	['mɑis]
riz (m)	**ris** (m)	['ris]
sarrasin (m)	**bokhvete** (m)	['bʊkˌvetə]
pois (m)	**ert** (m/f)	['æːʈ]
haricot (m)	**bønne** (m/f)	['bœnə]
soja (m)	**soya** (m)	['sɔja]
lentille (f)	**linse** (m/f)	['linsə]
fèves (f pl)	**bønner** (m/f pl)	['bœnər]

LES PAYS DU MONDE

99. Les pays du monde. Partie 1

Afghanistan (m)	Afghanistan	[afˈganiˌstan]
Albanie (f)	Albania	[alˈbania]
Allemagne (f)	Tyskland	[ˈtʏsklan]
Angleterre (f)	England	[ˈɛŋlan]
Arabie (f) Saoudite	Saudi-Arabia	[ˈsaʊdi aˈrabia]
Argentine (f)	Argentina	[argɛnˈtina]
Arménie (f)	Armenia	[arˈmenia]
Australie (f)	Australia	[aʊˈstralia]
Autriche (f)	Østerrike	[ˈøstəˌrikə]
Azerbaïdjan (m)	Aserbajdsjan	[aserbajdˈʂan]
Bahamas (f pl)	Bahamas	[baˈhamas]
Bangladesh (m)	Bangladesh	[banglaˈdɛʂ]
Belgique (f)	Belgia	[ˈbɛlgia]
Biélorussie (f)	Hviterussland	[ˈviteˌrʉslan]
Bolivie (f)	Bolivia	[boˈlivia]
Bosnie (f)	Bosnia-Hercegovina	[ˈbosnia hersegoˌvina]
Brésil (m)	Brasilia	[braˈsilia]
Bulgarie (f)	Bulgaria	[bʉlˈgaria]
Cambodge (m)	Kambodsja	[kamˈbodʂa]
Canada (m)	Canada	[ˈkanada]
Chili (m)	Chile	[ˈtʂilə]
Chine (f)	Kina	[ˈçina]
Chypre (m)	Kypros	[ˈkʏprʊs]
Colombie (f)	Colombia	[koˈlʊmbia]
Corée (f) du Nord	Nord-Korea	[ˈnuːr kuˈrɛa]
Corée (f) du Sud	Sør-Korea	[ˈsør kuˌrea]
Croatie (f)	Kroatia	[krʉˈatia]
Cuba (f)	Cuba	[ˈkʉba]
Danemark (m)	Danmark	[ˈdanmark]
Écosse (f)	Skottland	[ˈskotlan]
Égypte (f)	Egypt	[ɛˈgypt]
Équateur (m)	Ecuador	[ɛkʊaˈdor]
Espagne (f)	Spania	[ˈspania]
Estonie (f)	Estland	[ˈɛstlan]
Les États Unis	Amerikas Forente Stater	[aˈmerikas foˈrɛntə ˈstatər]
Fédération (f) des Émirats Arabes Unis	Forente Arabiske Emiratene	[foˈrɛntə aˈrabiskə ɛmiˈratenə]
Finlande (f)	Finland	[ˈfinlan]
France (f)	Frankrike	[ˈfrankrikə]
Géorgie (f)	Georgia	[geˈɔrgia]
Ghana (m)	Ghana	[ˈgana]
Grande-Bretagne (f)	Storbritannia	[ˈstʊr briˌtania]
Grèce (f)	Hellas	[ˈhɛlas]

100. Les pays du monde. Partie 2

Haïti (m)	Haiti	[ha'iti]
Hongrie (f)	Ungarn	['ʉŋɑːn̩]
Inde (f)	India	['india]
Indonésie (f)	Indonesia	[indʊ'nesia]
Iran (m)	Iran	['iran]
Iraq (m)	Irak	['irak]
Irlande (f)	Irland	['irlan]
Islande (f)	Island	['islan]
Israël (m)	Israel	['israəl]
Italie (f)	Italia	[i'talia]
Jamaïque (f)	Jamaica	[ʂa'majka]
Japon (m)	Japan	['japan]
Jordanie (f)	Jordan	['jordan]
Kazakhstan (m)	Kasakhstan	[ka'sak͵stan]
Kenya (m)	Kenya	['kenya]
Kirghizistan (m)	Kirgisistan	[kir'gisi͵stan]
Koweït (m)	Kuwait	['kʉvajt]
Laos (m)	Laos	['lɔɔs]
Lettonie (f)	Latvia	['latvia]
Liban (m)	Libanon	['libanɔn]
Libye (f)	Libya	['libia]
Liechtenstein (m)	Liechtenstein	['lihtɛnʂtæjn]
Lituanie (f)	Litauen	['li͵taʊən]
Luxembourg (m)	Luxembourg	['lʉksɛm͵bʉrg]
Macédoine (f)	Makedonia	[make'dɔnia]
Madagascar (f)	Madagaskar	[mada'gaskar]
Malaisie (f)	Malaysia	[ma'lajsia]
Malte (f)	Malta	['malta]
Maroc (m)	Marokko	[ma'rɔkʊ]
Mexique (m)	Mexico	['mɛksikʊ]
Moldavie (f)	Moldova	[mɔl'dɔva]
Monaco (m)	Monaco	[mʊ'nakʊ]
Mongolie (f)	Mongolia	[mʊŋ'gulia]
Monténégro (m)	Montenegro	['mɔntə͵negrʊ]
Myanmar (m)	Myanmar	['mjænma]
Namibie (f)	Namibia	[na'mibia]
Népal (m)	Nepal	['nepal]
Norvège (f)	Norge	['nɔrgə]
Nouvelle Zélande (f)	New Zealand	[njʉ'selan]
Ouzbékistan (m)	Usbekistan	[ʉs'beki͵stan]

101. Les pays du monde. Partie 3

Pakistan (m)	Pakistan	['paki͵stan]
Palestine (f)	Palestina	[pale'stina]
Panamá (m)	Panama	['panama]

99

| Paraguay (m) | Paraguay | [parag'waj] |
| Pays-Bas (m) | Nederland | ['nedə‚lɑn] |

Pérou (m)	Peru	[pe'ru:]
Pologne (f)	Polen	['pʊlen]
Polynésie (f) Française	Fransk Polynesia	['fransk poly'nesia]
Portugal (m)	Portugal	[pɔ:tʉ'gal]

République (f) Dominicaine	Dominikanske Republikken	[dʊmini'kanskə repʉ'blikən]
République (f) Sud-africaine	Republikken Sør-Afrika	[repʉ'bliken 'sør‚afrika]
République (f) Tchèque	Tsjekkia	['tʂɛkija]
Roumanie (f)	Romania	[rʊ'mania]
Russie (f)	Russland	['rʉslɑn]

Sénégal (m)	Senegal	[sene'gal]
Serbie (f)	Serbia	['særbia]
Slovaquie (f)	Slovakia	[ʂlʊ'vakia]
Slovénie (f)	Slovenia	[ʂlʊ'venia]
Suède (f)	Sverige	['sværiə]
Suisse (f)	Sveits	['svæjts]
Surinam (m)	Surinam	['sʉri‚nam]
Syrie (f)	Syria	['syria]

Tadjikistan (m)	Tadsjikistan	[ta'dʂiki‚stɑn]
Taïwan (m)	Taiwan	['taj‚vɑn]
Tanzanie (f)	Tanzania	['tansɑ‚nia]
Tasmanie (f)	Tasmania	[tas'mania]
Thaïlande (f)	Thailand	['tajlɑn]
Tunisie (f)	Tunisia	['tʉ'nisia]
Turkménistan (m)	Turkmenistan	[tʉrk'meni‚stɑn]
Turquie (f)	Tyrkia	[tyrkia]

Ukraine (f)	Ukraina	[ʉkra'ina]
Uruguay (m)	Uruguay	[ʉrygʊ'aj]
Vatican (m)	Vatikanet	['vati‚kane]
Venezuela (f)	Venezuela	[venesʉ'ɛla]
Vietnam (m)	Vietnam	['vjɛtnam]
Zanzibar (m)	Zanzibar	['sansibar]

www.ingramcontent.com/pod-product-compliance
Lightning Source LLC
Chambersburg PA
CBHW070818050426
42452CB00011B/2096